Schwäbische Alb West

W0075049

Herbert Mayr

Schwäbische Alb West

50 ausgewählte Tal- und Höhenwanderungen
zwischen Lemberg und Donautal, Reutlinger Alb und Großem Lautertal

Mit 66 Farbfotos, 50 Wanderkärtchen im Maßstab 1: 100 000 sowie
einem Übersichtskärtchen im Maßstab 1: 500 000

BERGVERLAG RUDOLF ROTHER GMBH • MÜNCHEN

Umschlagbild:
Schloß Sigmaringen.

Bild gegenüber dem Titel (Seite 2):
Vom Roßberg-Aussichtsturm schweift der Blick an klaren Tagen bis
zum Schwarzwald und zu den Alpen.

Alle Fotos von Herbert Mayr.

Kartographie:
Wanderkärtchen im Maßstab 1: 100 000
Darstellung auf der Grundlage der Topographischen Karte 1: 100 000,
Ausschnitte aus den Blättern C7126, C7518, C7522, C7918, C7922,
C8318. Mit Erlaubnis des Landesvermessungsamtes
Baden-Württemberg vom 11.8.1998, Az.: 5.13/1230.
Übersichtskarten im Maßstab 1: 500 000 und 1: 1 000 000
Kartengrundlage: Übersichtskarte 1: 500 000 und Bundesrepublik
Deutschland 1: 1 000 000. Mit Genehmigung des Instituts für
Angewandte Geodäsie, Frankfurt am Main, Nr. 14/98 vom 13.08.1998.

Die Ausarbeitung aller in diesem Führer beschriebenen Wanderungen
erfolgte nach bestem Wissen und Gewissen des Autors.
Die Benützung dieses Führers geschieht auf eigenes Risiko.
Soweit gesetzlich zulässig, wird eine Haftung für etwaige Unfälle
und Schäden jeder Art aus keinem Rechtsgrund übernommen.

2. Auflage 1998
© Bergverlag Rudolf Rother GmbH, München

ISBN 3-7633-4118-8

Vorwort

Der Erlebnisreichtum der Westalb ist unerschöpflich. Um Natursehenswürdigkeiten zu entdecken oder gar so etwas wie ein Erfolgserlebnis mit nach Hause tragen zu können, bedarf es in diesem faszinierenden Mittelgebirge keiner ganztägigen Höchstleistungen. Ausflüge auf begeisternden Wanderwegen zu Schlössern und Burgruinen, zu Tropfsteinhöhlen und Wasserfällen oder entlang sprudelnder Wildbäche zu Aussichtsfelsen und durch buntblühende Streuobstwiesen und Wacholderheiden lassen oft schon nach einem Stündchen Gehzeit Freude und Zufriedenheit aufkommen. Dennoch erschließt sich das beliebte Wandergebiet zwischen der Hegaualb im Südwesten und der Reutlinger und Zwiefalter Alb im Nordosten in seiner Gesamtheit nur demjenigen, der mit viel Zeit und offenen Augen die Geheimnisse dieser Kulturlandschaft zu ergründen sucht.

Um hier keine Mißverständnisse aufkommen zu lassen: Es gibt weder eine geomorphologische Einheit einer Westalb noch jene einer Ostalb. Auch bietet sich kaum eine geographisch sinnvolle Trennlinie an. Wenn in dieser Veröffentlichung von der »Westalb« gesprochen wird, so ist dies eine willkürliche Gebietsabgrenzung gegenüber einem ebenfalls frei gewählten östlichen Anteil der Schwäbischen Alb (siehe Rother Wanderführer »Schwäbische Alb Ost«).

Alle vorgestellten Touren sind ungefährlich, soweit man sich an bestimmte Regeln hält, und können auch von weniger geübten Wanderern und von Senioren oder mit Kindern durchgeführt werden. Die Routen sind aufgrund der stets exakten Beschreibungen leicht nachvollziehbar. Ob erholsame Talspaziergänge oder anspruchsvolle Rundwanderungen, ob auf gepflegten Forstwegen oder auf reizvollen, kurzweiligen Wurzelpfaden, jeder wird entsprechend seinen Neigungen für die aktuellen Zeit- und Wetterbedingungen das Geeignete finden. Reich genug ist die Auswahl an vorbildlich markierten Wegen mit vielen Unterstandshütten und Grillplätzen: Ein lobenswertes Ergebnis der unermüdlichen Arbeit des Schwäbischen Albvereins in Zusammenarbeit mit der Württembergischen Forstverwaltung. Die Ausgangsorte liegen meistens im Tal. Manche Runden starten aber auch in Dörfern auf der sonnigen Karsthochfläche und verlaufen sozusagen entgegengerichtet: erst ein beschwingter Abstieg, die Aufstiegsmühen später.

Dieses Büchlein möchte Ihnen bei Ihrer Routenwahl ein kleiner Wegweiser sein. Wer den Dialog mit der Natur noch nicht ganz verlernt hat oder ihn in der Abgeschiedenheit der Traufwälder wiedererlernen sollte, der wird stets neugierig und begeistert zurückkehren und bewußt den sorgsamen Umgang mit der Natur pflegen, um sie auch für die nachfolgenden Generationen zu erhalten.

Unterthingau, im Sommer 1998 Herbert Mayr

Inhaltsverzeichnis

Touristische Hinweise

Gehzeiten

Die angegebenen Gehzeiten können nur als grobe Richtwerte für durchschnittlich trainierte Wanderer gelten (etwa 4-5 km in der Stunde auf ebenen Wegen oder Abstiegen, etwa 3 km in der Stunde auf Anstiegen). Jahreszeit, Wetter, persönliche Verfassung und andere Faktoren bestimmen die insgesamt benötigte Zeit.

Anforderungen

Die vorgeschlagenen Touren sind meist beschildert und markiert. In der Routenbeschreibung mit »wegloser Abschnitt«, »Gras-« oder »Wiesenspur« bezeichnete Passagen gelten generell als Bestandteil offizieller Wanderwege. Besonders an solchen Unsicherheits-Stellen sollte man auf die Markierungen achten. Vereinzelte, vorwiegend im Spätsommer und Herbst möglicherweise etwas verwachsene Teilstücke verlangen manchmal ein bißchen Zuversicht. Es geht immer wieder weiter! Bei Unternehmungen, die in Ermangelung einer Markierung oder aufgrund wegloser Abschnitte Orientierungssinn erfordern, ist eigens darauf hingewiesen.

Auf Angaben über die Erfordernis von Trittsicherheit und Schwindelfreiheit wurde grundsätzlich verzichtet. Jeder Wanderer weiß, daß ein Fehltritt auf einem Aussichtsfelsen böse Folgen haben kann. Wer nicht ganz schwindelfrei ist, wird nicht ausgerechnet an einer senkrecht abbrechenden Felskante vespern. Selbstverständlich setzen Pfade im steilen oder zusätzlich gar noch feuchten Gelände ein gewisses Maß an Trittsicherheit voraus. Die Landschaft verschandelnde Schutzgeländer findet man Gott sei Dank nur selten. Eigenverantwortliches Handeln und die Erziehung der Kinder dazu ist oberstes Gebot. Die Höhenunterschiede sind durchwegs problemlos zu bewältigen. Einzelanstiege mit mehr als 250 Höhenmeter, nirgends aber mehr als 400 m, sind die Ausnahme.

Gefahren

Wer vor der Tour den Wetterbericht verfolgt, wird in den seltensten Fällen feuchte Überraschungen erleben. Bei Nebel oder nach Regengüssen verwandeln sich besonders steinige oder felsdurchsetzte Wege in heimtückische Rutschbahnen. Bei Gewittern gilt: Aussichtstürme und Felsvorsprünge (auch deren Unterstandshütten) sofort verlassen, weg von Drahtseilen oder Eisengeländern, keine einzelstehenden Bäume aufsuchen. Unter Aussichtsfelsen sollte man an die Steinschlaggefahr beispielsweise durch oberhalb spielende Kinder denken. Beim Besuch unbeleuchteter Höhlen ist eine zweckmäßige Ausrüstung das oberste Gebot. Eine Stirnlampe (Ersatzakkus nicht vergessen) ist einer gewöhnlichen Taschenlampe vorzu-

Das obere Donautal ist ein abwechslungsreiches Tourengebiet.

ziehen. Nur wer beide Hände frei hat, kann sich sicher vorwärtsbewegen. Manche Höhlen fallen unmittelbar nach einem nicht selten glitschigen Eingangsboden steil ab. Ein gewissenhaftes vorangehendes Ausleuchten bewahrt vor Unfällen. In unübersichtlichen Höhlen, deren Gänge sich mehrmals verzweigen, kann das Abrollen einer Schnur hilfreich für die Orientierung sein.

Ein Klettern an brüchigen Ruinenmauern verbietet allein schon der Denkmalschutz. Beim Besuch von Ruinen sollte man auf eine mögliche Einsturzgefahr achten.

Ausrüstung

Selbst bei reinen Talwanderungen sind Trekking- oder Leichtbergschuhe mit griffiger Sohle vorteilhaft. Turnschuhe ermüden mit ihrer dünnen Sohle nicht nur vorzeitig den Fuß. Sie bieten auch unzureichenden Halt und schützen zudem nicht vor Nässe auf grasigen Passagen. Darüber hinaus bewahrt ein festes Schuhwerk vor der Verletzungsgefahr im Knöchelbereich durch spitze Äste und scharfe Steine.

Außer einem Regenschutz und einem Erste-Hilfe-Set sind Skistöcke (vorzugsweise mit auswechselbaren Spitzen) besonders im Abstieg zwecks Gelenkentlastung sehr empfehlenswert. Bei Nässe bieten sie eine zusätzliche Sicherheit. Teleskopstöcke kann man nach dem Abstieg zusammenstecken und leicht im Rucksack verstauen. Wer sich erst mal an die zwei zusätzlichen Standbeine gewöhnt hat, für den werden sie zum ständigen Begleiter.

Auch den Flüssigkeitsnachschub sollte man nicht vergessen. Auf der Alb ist Trinkwasser so rar wie in südeuropäischen Ländern. Hat man das Glück, auf einen Brunnen zu stoßen, muß man von einem hohen Nitratgehalt ausgehen. Wem die unzähligen umweltbelastenden Getränkedosen in prallgefüllten Abfallkörben und mehr noch am Wegesrand ein Dorn im Auge sind, der wählt bewußt eine bequeme Getränkeflasche. Man kann sie an jeder Wirtschaft nachfüllen, und sie hinterläßt keinerlei Abfall. Apropos Abfall – eine kleine Plastiktüte im Rucksack und der gesamte Unrat landet dort, wo er hingehört: im Hausmüll! Wieviel schöner wäre ein Waldspaziergang, wenn die Natur nicht unter den vielen stinkenden Abfallbergen und den Hunderten, an Bäume genagelten Hinweisschildern stöhnen müßte?

Landkarten

Die abgebildeten Kartenausschnitte mit den eingetragenen Routen wurden der amtlichen Topographischen Karte des Landesvermessungsamtes Baden-Württemberg im Maßstab 1:100 000 entnommen. Sie sind in der Regel ein zuverlässiges Hilfsmittel. Um bei eventuellen Abweichungen von der vorgeschlagenen Route nicht auf verlorenem Posten zu stehen oder lohnende Abstecher zu ermöglichen, sind die Ausschnitte großzügig genug gewählt.

Wer auf eigene Entdeckung gehen möchte, der wählt vorzugsweise die Wanderkarte des Landesvermessungsamtes im Maßstab 1: 50 000. Dieses Werk mit großzügigem und im Vergleich zur regulären Topographischen Karte kostengünstigerem Blattschnitt ist an Genauigkeit und Zuverlässigkeit sowie an Informationsgehalt von keiner anderen Karte zu schlagen. Die Blätter 15 bis 20 decken fast die gesamte Schwäbische Alb ab. Für die restlichen Gebiete greift man auf die genannte, inhaltsmäßig identische Topographische Karte im gleichen Maßstab zurück (Blätter L8118 Tuttlingen, L7918 Spaichingen und L7920 Sigmaringen). Beide Werke beinhalten einen Eintrag der Wanderwege des Schwäbischen Albvereins mit den entsprechenden Markierungen. Ein kostenloses Verzeichnis mit allen amtlichen Karten Baden-Württembergs erhält man beim:

■ Landesvermessungsamt Baden-Württemberg, Büchsenstraße 54, 70174 Stuttgart, Telefon des Kartenvertriebs: (0711) 123-2831

Herbst am Waldrand. Auch Vergänglichkeit hat ihre Ausstrahlung.

Typisch für die Alb – immer wieder wechseln Wiesenflecken mit Waldabschnitten.

12

Klima und Wanderzeit

Die meisten Niederschläge bekommt der bei Föhn begünstigte Albtrauf ab. Der Südwesten liegt im Regenschatten des Schwarzwaldes. Das Donautal verzeichnet sogar eher trockenes, kontinentales Klima. Am besten für Wanderungen eignen sich die Monate Mai bis September. Bedingt durch die geringe Höhenlage erhält das nördliche sowie südliche Albvorland meist nur wenig ausgiebige Schneefälle. Die schneearmen Winter der vergangenen Jahre haben auch auf der Alb mit gebietsweisen Einschränkungen das Wandern ermöglicht. Besonders in ost- und nordgerichteten Tälern hält sich der Schnee jedoch bis Ende März. Hinzu kommt dort eine örtlich beachtliche Vereisungsgefahr. Ein besonderes Wandervergnügen bescheren Inversionswetterlagen: dicke Nebeldecke im Tal, sonnige Albhöhen! Bereits im März zieren herrliche Blütenmeere die Buchenmischwälder, die Ende April grünen.

Mit Kindern unterwegs

Ob sich Touren für Kinder eignen oder nicht, hängt nicht von der Länge der Anstiege oder der Ausgesetztheit der Wege ab, sondern vielmehr vom Abwechslungsreichtum einer Wanderung. Je größer der Anteil breiter Forst- und Wirtschaftswege, desto langweiliger empfinden Kinder die »Hatscherei«. Routen auf abenteuerlichen Waldpfaden zu Höhlen und Wildbächen, zu Wasserfällen, Aussichtsfelsen und Ruinen finden immer große Akzeptanz. Erfreulicherweise finden die Kleinen in der Schwäbischen Alb oftmals auch Spielplätze, die für eine willkommene Unterbrechung sorgen.

Fledermausschutz

In sogenannten Fledermaushöhlen verbringen die meisten der heimischen, allesamt vom Aussterben bedrohten Fledermausarten ihren Winterschlaf. Wenn die Tiere in ihrer Winterruhe gestört werden, verlieren sie wichtige Reserven an Körperenergie und können eventuell den Winter nicht überstehen. Der Besuch von Höhlen sollte deshalb am besten erst gegen Ende April angesetzt werden. Viele Höhlen sind vorher ohnehin geschlossen.

Information

- Landesfremdenverkehrsverband Baden-Württemberg, Postfach 102951, 70025 Stuttgart, ✆ (0711) 23858-0
- Schwäbischer Albverein e. V., Hauptgeschäftsstelle, Hospitalstraße 21 B, 70174 Stuttgart, ✆ (0711) 290996
- Werbegemeinschaft Campingplatzhalter Baden-Württemberg, Klostervilla, Kloster 5, 73099 Adelberg
- Urlaub auf dem Bauernhof in Baden-Württemberg, Postfach 5443, 79021 Freiburg i. Br.

Dem Fernwanderer erleichtern Wanderheime des Schwäbischen Albvereins und Naturfreundehäuser die Etappenplanung. Allein 8 Hauptwanderwege durchqueren oder berühren die Schwäbische Alb. Ein Wanderheimverzeichnis ist erhältlich bei: »Die Naturfreunde«, Neue Straße 150, 70186 Stuttgart.

Entdeckungsreich Westalb

Die Schwäbische Alb, aufgebaut aus Gesteinen der Jurazeit (daher auch der Name Schwäbischer Jura), zeigt ein Landschaftsbild, das der gewöhnlichen Vorstellung eines Mittelgebirges widerspricht. Aus dem Flugzeug präsentiert sich eine »umgekehrte« Landschaft: Eine riesige Hochfläche mit einzelnen Kuppen, gebietsweise glatt wie eine Tafel, bricht im Norden über einen markanten Steilrand zum Neckar hin ab. Der Randbereich ist überall stark zerlappt, manche Täler schneiden sich weit in die Albtafel hinein.

Dies alles bedeutet für den Wanderer: Die reizvollsten und abwechslungsreichsten Gebiete mit Burgen, Höhlen und weiß leuchtenden Kalkfelsen inmitten saftgrüner Buchenmischwälder finden sich am Trauf selbst und dort, wo Flüsse beziehungsweise Trockentäler den Albkörper zerteilen. Das industrielle Leben spielt sich deutlich im verkehrsbegünstigten nördlichen Albvorland, im Donautal zwischen Sigmaringen und Riedlingen und in manchen Haupttälern mit Schwerpunkt um Albstadt ab. Das Bauerntum findet man hauptsächlich sozusagen im Obergeschoß.

Unter den schönsten Tälern der Westalb glänzt sicher am meisten das gebietsweise schluchtähnliche Durchbruchstal der Donau mit seinen das Landschaftsbild bestimmenden Felsengärten. Aber auch das Bäratal, das Vehla- und das Lauchertal sowie das Echaz- und das Große Lautertal verwöhnen den Wanderer mit außergewöhnlichen Reizen. Das letztgenannte ist wie auch das Donautal besonders für seinen Burgen- und Höhlenreichtum bekannt. Die größten Höhenunterschiede und die begehrtesten, teils turmgeschmückten Aussichtsberge finden sich in der Zollernalb und der Reutlinger Alb – hier entdeckt man auch die bekanntesten kulturgeschichtlichen Glanzpunkte – sowie in den Balinger Bergen. Mit einer Rarität wartet die Hegaualb im äußersten Südwesten auf. Es sind die kegelförmigen Vulkanberge, die mit ihren umfassenden Rundblicken die Wanderer anlocken.

Die Pflanzenwelt der Schwäbischen Alb ist recht vielfältig und birgt so manche Kostbarkeiten. Vielerorts begleiten den Wanderer noch die Hecken aus der guten alten Zeit: Hagebutten, Schlehen und Weißdorngebüsch, Haselnußstauden und Heckenrosen. Die Traufwälder sind alles andere als Monokulturen: Zu Buchen und Eichen gesellen sich Ahorn und Ulmen; Kiefern, Fichten und Lärchen treten hinzu. Je weiter man nach Westen kommt, um so stärker zeichnet sich in den Wäldern der Anteil der Fichte ab, auch Weißtannen fallen auf.

Ganz spezielle Lebensgemeinschaften findet man in den Schluchtwäldern vor. Außerhalb der Waldungen haben sich teilweise noch Flecken mit Steppenheide-Charakter erhalten. Auf den Streuobstwiesen erfreut eine bunte Blütenvielfalt die Welt der Schmetterlinge. Leider fällt dieses »unrentable«

Mitten im dunklen Wald – der Aussichtsturm der Hohen Warte, 820 m.

Land immer mehr der Motorsäge zum Opfer und muß Intensiv-Obstplantagen beziehungsweise Grün- und Ackerland weichen. Mit Hilfe von Landesmitteln und EG-Prämien hat man besonders in Württemberg große Flächen gerodet. Auch die romantisch verklärte, einst so charakteristische Wacholderheide gibt nicht nur Anlaß zum Schwärmen. Seit dem starken Rückgang der Schafzucht ist sie deutlich vom Aussterben bedroht. Nur Dank einer sorgsamen Pflege von Menschenhand kann vermieden werden, daß der Wald sie nicht verdrängt.

Mit etwas Glück kann man auf den Höhen der Westalb noch dem Wanderschäfer mit seiner Herde begegnen. Ansonsten drängt sich die Tierwelt dem Albwanderer nicht besonders auf. Abgesehen von Reh, Fuchs, Hase und Eichhörnchen sowie einer fröhlich zwitschernden Vogelwelt, gelegentlich einem Graureiher, dürfte der Waldbesucher nicht viele Bekanntschaften machen. Die seltenen Wanderfalken und Uhus lassen sich kaum blicken.

Die insgesamt über 2000 bekannten Höhlen der Schwäbischen Alb, einige davon sind mit Tropfsteinbildungen und Sinterschmuck als Schauhöhlen angelegt, gestalten dieses Mittelgebirge zu einer der höhlenreichsten Regionen Deutschlands. Die meisten Höhlen sind Karsterscheinungen. Nur ein paar Ausnahmen entstanden bereits während der Gesteinsbildung. Die geheimnisvollen Gewölbe gelten zudem als die ersten Wohnstätten der ersten Albbewohner. Mancherorts findet der aufmerksame Naturfreund noch Hülben (kleine Teiche), die einst zusammen mit den Zisternen die Menschen und das Vieh auf der Karsthochfläche mit Trinkwasser versorgten.

Bunte Frühlingstupfer im lichten Wald.

Im Aachtopf tritt das bei Immendingen versickerte Donauwasser wieder zutage und nährt auf seinem weiteren Weg den Rhein.

Die im Zeitalter des Pleistozäns mit dem Fallen des Karstwasserspiegels entstandenen Trockentäler führen nur gelegentlich nach starken Niederschlägen oder bei gefrorenem Boden Wasser. Gewöhnlich versickert das Wasser in Schlucklöchern, auch Lösungsdolinen genannt. Die in der Alb vielerorts vorkommenden Dolinen sind meist kreisrunde Geländevertiefungen und werden auch Erdfälle oder Erdtrichter genannt. Sie entstehen beim Einstürzen unterirdischer Hohlräume in Karstgebieten. Um das weitere Zufüllen von Dolinen zu verhindern, hat die Bezirksstelle für Naturschutz und Landschaftspflege in Tübingen die Aufnahme aller Dolinen, ähnlich wie beim Höhlenkataster, in einen eigenen Dolinenkataster veranlaßt.

18

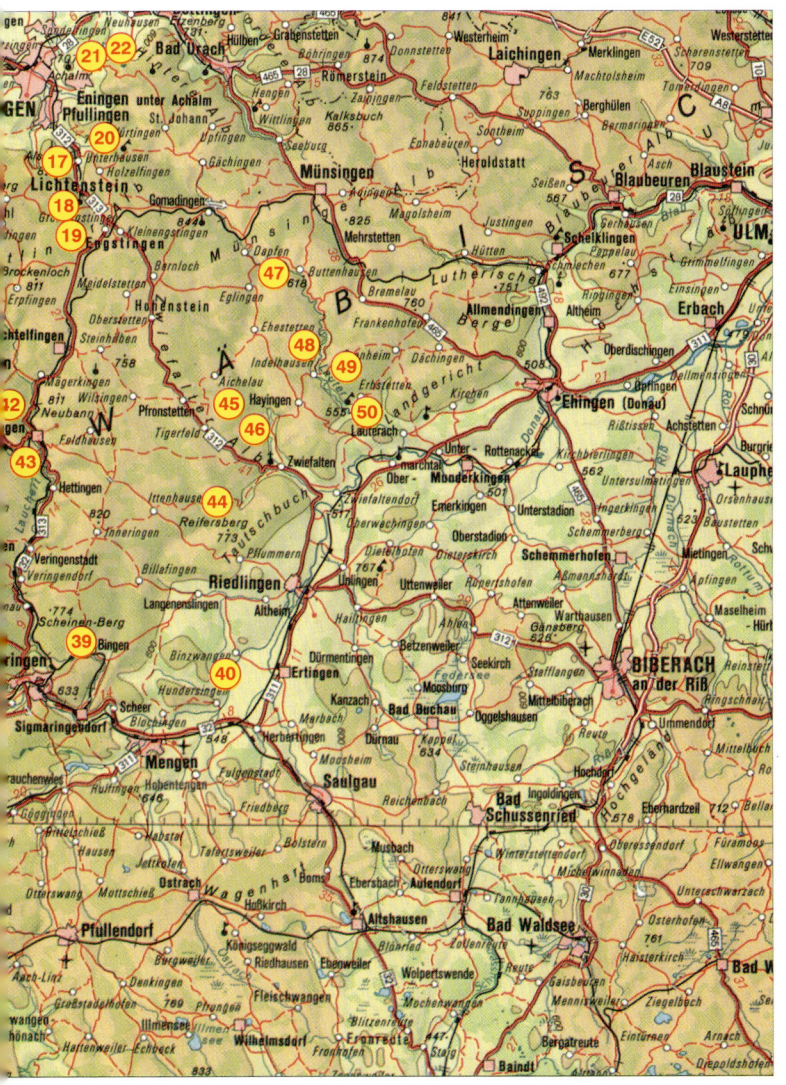

Großer Heuberg, Balinger Berge und Zollernalb

Dieses Gebiet umfaßt den westlichsten Abschnitt des Albtraufs zwischen Spaichingen und Hechingen sowie das südlich anschließende Hochland. Das eingesenkte Agrarland der Baar trennt die Schwäbische Alb vom Schwarzwald. Bedingt durch die klimatischen Verhältnisse, kleidet im Vergleich zu den gewöhnlich am Trauf dominierenden Mischwäldern auffallend viel Nadelwald die höchsten Berge der Alb. Die größten Anstiege erwarten den Wanderer allerdings nicht um den Lemberg, den mit 1015 m höchsten Gipfel der gesamten Schwäbischen Alb, sondern aus dem durchschnittlich nur 500 m bis 600 m hoch gelegenen Albvorland zwischen Balingen und Hechingen.

Als Großen Heuberg bezeichnet man das Albhochland zwischen dem Talverlauf von Spaichingen nach Tuttlingen im Westen und dem Schmeietal im Osten. Im Süden begrenzt die Donau das Gebiet. Als Nordgrenze darf man das Untere und Obere Bäratal annehmen mit einer Verlängerung der Linie über Messtetten nach Albstadt. Die Forscher sind sich zwar nicht ganz einig, nehmen aber an, daß der Heuberg während der Würm-Eiszeit vergletschert war.

Von den beliebten Aussichtsbergen am Albtrauf, außer dem bereits genannten Lemberg etwa dem Dreifaltigkeitsberg, dem kecken Lochenstein oder dem Raichberg, gewinnt man hervorragende Ausblicke auf das weite Vorland und die mächtige Traufmauer. Bis auf ein paar Zeugenberge im äußersten Südwesten ist der Hohenzollern mit seiner berühmten Prachtburg der einzige mehr oder weniger freistehende Berg vor dem neckarseitig zugewandten Albtrauf.

Abgesehen vom Eltatal, dem Schlichemtal sowie dem Oberen und dem Unteren Bäratal sind die Haupttäler in dieser Region, besonders das Schmiecha- und das obere Schmeietal, dicht besiedelt und deutlich von der Industrie geprägt. Besonders im Gebiet um Albstadt erschütterten ab 1911 wiederholt Erdbeben die Schwäbische Alb und beschädigten auch zahlreiche Gebäude. Das letzte größere Beben verzeichnete man am 3. September 1978. In der Zollernalb sind zudem mehr Erdrutsche als anderswo festzustellen. Durch bereits beachtlich klaffende Felsspalten, wie beispielsweise am Hangenden Stein bei Onstmettingen, drohen auch in Zukunft weitere Rutschungen. Mitunter wurden schon Straßen verschüttet.

Ein riesiger Teil der Hochalb zwischen dem Bäratal und dem Schmeietal ist leider als Truppenübungsplatz ausgewiesen und somit nicht für die Öffentlichkeit zugänglich.

Am Dorfbrunnen von Dürbheim.

1 Oberflacht – Oberer Berg, 926 m – Lupfen, 977 m

Wo sich Alb und Schwarzwald begegnen

Talort: Seitingen-Oberflacht, am Westrand der Schwäbischen Alb, zwischen Trossingen und Tuttlingen. Information: Verkehrsamt, 78532 Tuttlingen, ✆ (07424) 3028
Ausgangspunkt: Bushaltestelle Ostbaarhalle, 695 m.
Gehzeiten: Oberflacht – Schutzhütte Oberer Berg 1½ Std., Schutzhütte Oberer Berg – Lupfen 1 Std., Rückweg 1 Std., Gesamtgehzeit 3½ Std. (13 km).
Höhenunterschied: 420 m.
Anforderungen: Wanderpfade, Forst- und Wirtschaftswege, kurze steile Aufstiege.

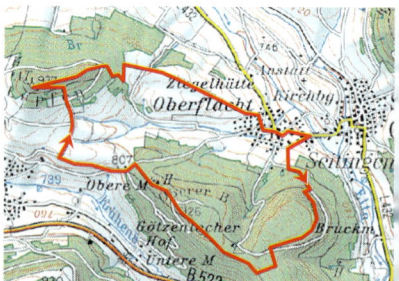

Es gibt schnellere Aufstiege zum einstigen Burgplatz der Grafen von Lupfen, umschlossen von einem ehrwürdigen Baumbestand. Doch keiner führt über so einsame Waldeshöhen wie jener über die Grashalde und den Oberen Berg. Vom Aussichtsturm mit den witzigen Schiebefenstern gewinnt man einen informativen Rundblick, unter anderem hinüber zum nahen Schwarzwald.

Der Wanderwegweiser »Grashalde« lenkt uns auf den mit *blauer Raute* markierten Heerweg. Vom Ortsrand trägt uns das Wirtschaftssträßchen bergan zum Kinderspielplatz mit der Unterstandshütte. Wir folgen weiterhin der Route Richtung Grashalde, die bald vom Forststräßchen auf einen Pfad am Abbruch entlang und steiler über den Mischwaldhang empor leitet. Oben wechselt unser nun wieder flacher Kurs in einen etwas verwachsenen Waldweg Richtung Konzenberg und im weiteren Verlauf in einen breiteren Forstweg. Nach der Kreuzung nehmen wir den Waldweg Richtung Eßlingen und halten uns an der Gabelung kurz darauf an die mit *blauem Dreieck* markierte Talheimer Route. Über den Höhenzug des **Oberen Bergs** (926 m) erreicht man, rechts ein kleines Stück einem Forststräßchen folgend, am Abhang die ausgeschilderte Schutzhütte.

Richtung Lupfen führen uns nun Pfadkehren talwärts. Bald nach einer Forstwegquerung geht's vom Bergfuß (807 m) kurz auf einem Sträßchen bergab und auf einem leicht ansteigenden Wirtschaftsweg, im oberen Teil wieder asphaltiert, über die Felder direkt auf den Lupfen zu. Beim Brünnlein mit Unterstand suchen wir (keine Markierung) die verwachsene Pfadspur geradewegs in den Wald hinein. Nach einer Forststraßenquerung wechselt die undeutliche Route in einen breiten Wanderweg, der uns vollends hinauf zum Gipfel des **Lupfen** trägt.

In den letzten Apriltagen grünen die Buchen in den Wäldern des Großen Heubergs.

Vom Aussichtsturm des Schwäbischen Albvereins mit dem düsteren Holz-
treppenaufgang spazieren wir kurz zurück und wählen den Wanderpfad
talwärts Richtung Spaichingen. Man folgt kurz rechts einem Forststräßchen
und bleibt dem mit *rotem Balken* markierten Pfad Richtung **Oberflacht** treu.
Am Waldrand bei der Feuerstelle nimmt man den geteerten Wirtschaftsweg
über die Felder zurück ins Dorf.

2 Gunningen – Hohenkarpfen, 912 m

Einladendes Hofgut und leichter Aussichtsgipfel über dem Eltatal

Talort: Gunningen, im oberen Eltatal, süd-westlich von Spaichingen. Information: Verkehrsamt, 78549 Spaichingen, ✆ (07424) 70912.

Ausgangspunkt: Kirche, 734 m.

Gehzeiten: Gunningen – Hofgut ¾ Std., Hofgut – Gipfel ¼ Std., Rückweg ¾ Std., Gesamtgehzeit 1¾ Std. (6 km).

Höhenunterschied: 190 m.

Anforderungen: Ausreichend markierte Wanderpfade und kaum befahrene Sträßchen, steiler aber nur kurzer Gipfelaufstieg.

Einkehr: Hofgut Hohenkarpfen.

Schon allein das prachtvolle Hofgut auf der sonnenverwöhnten Seite des ehemaligen Burgberges lohnt den kleinen Ausflug. Der reizvolle und etwas schweißtreibende Aufstieg durchs Naturschutzgebiet zum Hohenkarpfen-Gipfel beschert zudem schöne Tiefblicke.

Am Rathaus vorbei nehmen wir erst die Straße Richtung Tuttlingen und schlendern am Ortsende auf dem Hohenkarpfenweg und einem geteerten Wirtschaftsweg über die Felder bergan. Bald schleicht ein reizvoller, markierter Wanderpfad zwischen den Hecken hindurch.

Nach einem kurzen Abschnitt auf einer Wiesenspur leitet uns das Zufahrtssträßchen zum Hofgut **Hohenkarpfen** (830 m). Im ersten Haus befinden sich Hotel und Kunststiftung, im hinteren Gebäude, dem ehemaligen Meierhof der Herren von Karpfen, empfängt uns die gemütliche Gaststätte.

Wir spazieren am sehenswerten Wasserbecken vorbei und mühen uns auf dem steilen Pfadaufstieg über den sonnigen Gipfelhang empor. Zwischen einzelnen Bäumen und Büschen hindurch führt uns die Route rings um den gesamten Bergschopf herum zum höchsten Punkt des **Hohenkarpfen**. Von der ehemaligen Burg sind allerdings nur noch Wälle und Gräben zu sehen.

Wer die Tour erweitern möchte, der wählt vielleicht nach dem Abstieg am Bergfuß den markierten Wanderweg ins Tal des Hesselbachs und weiter nach Hausen ob Verena. Von dort muß man allerdings für den Rückweg nach Gunningen die Straße benützen, will man nicht Pfadfinder spielen.

Das Hofgut Hohenkarpfen, sehenswerte Einkehr in sonniger Lage unter dem gleichnamigen Aussichtsgipfel.

3 Weilheim – Bettelmannskeller – Nonnenhöhle – Rußberg – Rietheim

Kleine Höhlenexkursion am Westrand des Großen Heubergs

Talort: Rietheim-Weilheim, im Tal des Faulenbachs, zwischen Spaichingen und Tuttlingen. Information: Verkehrsamt, 78571 Wurmlingen, ☎ (07461) 92760.

Ausgangspunkt: Kirche, 675 m.

Gehzeiten: Weilheim – Nonnenhöhle 1¼ Std., Nonnenhöhle – Rußberg 1 Std., Rückweg ¾ Std., Gesamtgehzeit 3 Std. (11 km).

Höhenunterschied: 200 m.

Anforderungen: Gut markierte Wanderpfade und Forstwege, kurze Abschnitte auf ruhigen Sträßchen, harmloser Anstieg.

Einkehr: In Rußberg.

Die unter der Traufkante versteckte Nonnenhöhle soll den im Bauernkrieg aus dem Wurmlinger Frauenkloster hierher geflüchteten Nonnen Unterschlupf geboten haben. Unsere vergnügliche Runde führt auch noch am Felsengewölbe des Bettelmannskellers und der ehemaligen Burg Fürstenstein vorbei, wo angeblich einst ein römischer Wachturm gestanden hat.

Die Kirch- und die Mühlstraße leiten uns bergab in die Talsohle, wo wir den Faulenbach überschreiten. Wir folgen dem geteerten Wirtschaftsweg Richtung Rußberg, der ab dem Waldrand in ein merklich steigendes Forststräßchen wechselt. An der Gabelung weiterhin der Rußberger Route treu bleibend, erreichen wir bei einer geräumigen Sitzbank, die drei betagte Buchen umschließt, die Traufhöhe (855 m).

Nun geht's gemütlich auf dem Waldweg Richtung Nonnenhöhle zum **Bettelmannskeller**, einem kleinen Felsengewölbe mit Deckenspalt. Bald darauf lohnt sich vom nun schmäleren Wanderweg der kurze Abstecher hinunter zur kleinen **Nonnenhöhle**. Die *roten Dreiecke* Richtung Steig Kreuz leiten uns weiter am Trauf entlang. Wo unsere Route in die Straße mündet, entscheiden wir uns für das mit *rotem Dreiblock* markierte Forststräßchen zum Fürstenstein. Unterwegs zu der ehemaligen Burgstelle, zuletzt auf einem Wanderpfad, halten wir uns an der Kreuzung beim Jägerstand geradeaus. Rechts hinaus am Waldrand entlang folgen wir nun kurz der Wiesenspur Richtung **Rußberg** und kommen auf dem geteerten Wirtschaftsweg zum Gasthaus Krone. Nach einer Einkehr müssen wir kurz zurück zur Straßenbiegung, wo uns der mit *roter Raute* markierte Wanderweg über den Mischwaldhang hinunter nach **Rietheim** trägt. Auf der Schloßstraße finden wir problemlos zurück nach **Weilheim**.

Ein reizvoller Pfadabstecher führt durch den Wald zur kleinen Nonnenhöhle, hoch über Wurmlingen.

4 Dürbheim – Balgheim – Dreifaltigkeitsberg, 985 m – Jellenbrunnen – Risiberg

Über den Spaichinger Hausberg ins Birental

Talort: Dürbheim, an der Wasserscheide zwischen Neckar und Donau, südöstlich von Spaichingen. Information: Gemeinde, 78589 Dürbheim, ☎ (07424) 3028.
Ausgangspunkt: Dorfbrunnen, 710 m.
Gehzeiten: Dürbheim – Dreifaltigkeitsberg 2 Std., Dreifaltigkeitsberg – Jellenbrunnen 2½ Std., Rückweg 1 Std., Gesamtgehzeit 5½ Std. (21 km).
Höhenunterschied: 370 m.
Anforderungen: Hauptanteil der Forstwege markiert, kurze Abschnitte auf wenig befahrenen Sträßchen, anhaltender aber wenig steiler Aufstieg.
Einkehr: In Balgheim, auf dem Dreifaltigkeitsberg und in Risiheim.

Mehr als 300 m steilt sich der Dreifaltigkeitsberg über der Stadt Spaichingen auf. Oben beim Gipfel-Gasthof kann man mit etwas Glück Hängegleiter beim Start ins weite Unterland beobachten. Von der Wallfahrtskirche – früher eine Fliehburg – späht man hinüber zum Schwarzwald und an klaren Tagen bis zu den Alpen. Wir halten uns kurz Richtung Spaichingen und spazieren auf dem Riedweg talwärts. Vor dem Flurkreuz schwenken wir rechts auf das Wirtschaftssträßchen ab und wandern am Naturschutzgebiet Egelsee entlang. An der nächsten Abzweigung geht's links und gleich wieder rechts zum Wasserhäuschen. Dort folgt man geradeaus der Wiesenspur und hält sich ein Stück nach dem Feuchtgebiet rechts hinaus zum Radweg. In diesen biegt man links ein, quert vor der B 14 die Straße und gelangt so abseits des Verkehrs nach **Balgheim**.
Wir nehmen die Friedhofstraße und gehen den 300 m hohen Aufstieg zum Dreifaltigkeitsberg an. Am Friedhof folgen wir dem Forstweg, der sich unter der Ostflanke unseres Gipfelzieles entlangzieht. Wo der Weg etwa 1 Std. nach Balgheim eine deutliche Rechtsschleife beschreibt, begeben wir uns auf den links abzweigenden, schmalen Waldweg. Oberhalb schwenken wir links in den breiten Forstweg ein und wenden uns nach 100 m abermals links, zuletzt auf der Straße, vollends hinauf zum aussichtsreichen Gipfel des **Dreifaltigkeitsberges** (985 m).

Abgeerntete Felder unter dem Albtrauf.

Zurück an der Weggabelung, queren wir die Wasserscheide. 300 m weiter zweigt die Route Nr.1 auf einen mit *gelbem Dreieck* markierten Waldweg ab. Dieser trägt uns talwärts zu einem Forststräßchen, dem wir rechts einschwenkend durch das lange Birental treu bleiben. Man quert die Straße Böttingen – Dürbheim und muß kurzzeitig mit der Straße zum Skilift vorlieb nehmen, wo der Wegweiser »Rietheim« wieder auf ein Forststräßchen durch das tief eingeschnittene obere Ursental leitet.

Nach dem **Jellenbrunnen** (770 m) geht's hinauf nach **Risiberg** (850 m). Geradewegs durch den kleinen Ort spazierend, biegen wir links in die Hauptstraße ein und schwenken sogleich wieder rechts auf den Forstweg Richtung Rietheim ab. Kurz darauf zweigt rechts die Sondersteige ab und leitet uns durch den Traufwald hinunter zurück nach **Dürbheim**.

5   Böttingen – Schäfersquelle – Glatte Felsen, 905 m – Alte Lippachmühle

Entdeckungsreiche Waldwanderung ohne Schweißvergießen

Talort: Böttingen, auf der Albhöhe, zwischen Schömberg und Mühlheim. Information: Verkehrsamt, 78601 Mahlstetten, ✆ (07429) 2321.
Ausgangspunkt: Kirche, 911 m.
Gehzeiten: Böttingen – Glatte Felsen 1¼ Std., Glatte Felsen – Alte Lippachmühle ½ Std., Rückweg 1¼ Std., Gesamtgehzeit 3 Std. (11 km).
Höhenunterschied: 200 m.
Anforderungen: Gut markierte Forstwege und Wanderpfade, kurzer Straßenabschnitt.
Einkehr: Alte Lippachmühle.

Von der Schäfersquelle mußten früher die Bewohner des Allenspacher Hofs das Trinkwasser mit viel Mühsal über die Steige hinaufschleppen. Heute dient das Wasserbecken mit Feuchtbiotop und allerlei liebevollem Bauwerk dem Wanderer, der unterwegs zum ältesten und stärksten Baum des Kreises Tuttlingen und weiter zu den Glatten Felsen ist, als vorzüglicher Rastplatz.

Wir wandern die Färberstraße dorfauswärts, nehmen an der ersten Gabelung geradeaus das Wirtschaftssträßchen und halten uns an der folgenden Gabelung talwärts zur Kläranlage. Ein Forststräßchen leitet uns weiter zur idyllischen **Schäfersquelle** (855 m). Dort folgen wir dem links bergan führenden Forstweg und steigen auf dem romantischen, alten Fahrweg an den Felswändchen entlang zum Allenspacher Hof (890 m) mit der ehrwürdigen Linde hinauf.

Eine Wiesenspur trägt uns rechts an dem einsamen Anwesen vorbei. Der gleich darauf auftauchende Wanderweg mit der Bezeichnung »Glatter Fels«, durch den Mischwald am Steilabfall entlang, ist mit *gelber Raute* markiert. Bald verschmälert sich die Route durch den dichter werdenden Wald zum Pfad. Die **Glatten Felsen** (905 m) erfreuen uns unterwegs mit anregenden Talblicken. Anschließend beginnt der Weg leicht zu fallen. Wenn wir ein Stück unterhalb scharf rechts auf die Markierungen achten, können wir den steilen Pfadabstieg zum Forstweg mit dem Steigbrünnele nicht verfehlen.

Nach einer Stärkung in der **Alten Lippachmühle** (760 m) weist uns die Bezeichnung »Schäfertal« auf eine Straße und gleich wieder auf ein sanft ansteigendes, mit *gelber Raute* markiertes Forststräßchen. Von dem abgelegenen Haus mit der Glasvitrine, die künstlerische Keramik zeigt, trägt uns der nun schmälere Waldweg zum bekannten Feuchtbiotop und zurück nach **Böttingen**.

Ein romantischer Weg trägt den Wanderer von der Schäfersquelle hinauf zum Allenspacher Hof.

6 Deilingen – Oberhohenberg – Hochberg – Lemberg, 1015 m – Wehingen – Rötenbuch

Die höchsten Gipfel der Alb

Talort: Deilingen, im Nordwesteck der Schwäbischen Alb, südlich von Schömberg. Information: Bürgermeisteramt, 78586 Deilingen, ✆ (07426) 1203.

Ausgangspunkt: Ortsmitte, 826 m.

Gehzeiten: Deilingen – Oberhohenberg 1 Std., Oberhohenberg – Lemberg ¾ Std., Lemberg – Wehingen 1¼ Std., Rückweg 1¾ Std., Gesamtgehzeit 4¾ Std. (19 km).

Höhenunterschied: 530 m.

Anforderungen: Gut markierte Wanderpfade und Forstwege, abschnittsweise kaum befahrene Sträßchen, kurze und wenig steile Anstiege.

Einkehr: In Wehingen.

Wenn auch die Überschreitung des Gipfelkleeblattes Oberhohenberg –
Hochberg – Lemberg nicht unbedingt die markantesten Berge der Schwäbischen Alb vor Augen führt, so ist ein Besuch dieser aussichtsreichen, höchsten Gipfel für einen begeisterten Albwanderer dennoch ein Muß. Weit schweift der Blick über das Waldkuppen- und Wirtschaftsflächenmosaik des Unterlandes.

Wir halten uns Richtung Balingen, bis die mit *rotem Dreieck* markierte Straße Reuthof abbiegt. Nach zwei Kilometern beachten wir die Abzweigung »Oberhohenberg« und folgen bei der Unterstandshütte mit Brunnen dem Wanderpfad hinauf zum Gipfel des **Oberhohenbergs** (1011 m), wo einst die Burg Hohenberg stand. Jenseits geht's hinunter zum 966 m hohen Sattel und stets dem *roten Dreieck* folgend auf einem Waldweg leicht bergan und an der Gabelung 300 m nach dem Aussichtspunkt rechts haltend zum abgeflachten Waldgipfel des **Hochbergs** (1009 m). Hinüber zum Regenten der Schwäbischen Alb, dem 1015 m hohen **Lemberg**, müssen wir noch einen wurzeligen Zwischenabstieg zum 925 m hohen Sattel einlegen.

Nach der obligatorischen Besteigung des 1899 erbauten, 33 m hohen Aussichtsturms auf dem Gipfel folgt der steile Abstieg, anfangs auf einem Ziehweg, später auf dem Wanderpfad, Richtung Gosheim. Nur kurz spaziert man auf dem Teersträßchen, schwenkt links in die Naturstraße Richtung Wunderfichte ein und wählt nach 0,5 km den rechts abzweigenden Fahrweg. Bald leitet ein Wirtschaftssträßchen hinunter zum Weiher, wo einen der Radweg nach **Wehingen** (777 m) aufnimmt.

Durch das Dorf hindurch achten wir auf den *roten Dreiblock*, der an der Kirche vorbeiführt, und folgen der Groz-Beckert- und Albstraße zum Kinderspielplatz und weiter zum 930 m hohen Sattel. Auf dem linken Forstweg wandern wir über die Höhenzüge Lützelhalb (976 m) und **Rötenbuch** (988 m) und bleiben auch auf dem Wirtschaftssträßchen am Sendeturm vorbei der Markierung treu, die uns talwärts zurück nach **Deilingen** bringt.

Vom Lemberg, dem höchsten Albgipfel, führt die Route hinein nach Wehingen.

7 Dotternhausen – Plettenberg, 1002 m

Leichte Wege auf einen geschundenen Aussichtsberg

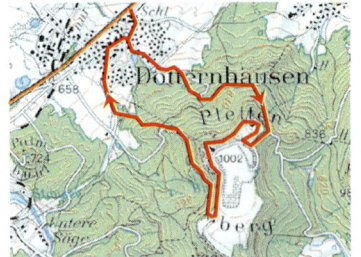

Talort: Dotternhausen, am Fuße des Albtraufs, südwestlich von Balingen. Information: Verkehrsamt, 72355 Schömberg, ☎ (07427) 9402-0.
Ausgangspunkt: Schloß, 645 m.
Gehzeiten: Dotternhausen – Plettenberg 1½ Std., Rückweg 1¼ Std., Gesamtgehzeit 2¾ Std. (11 km).
Höhenunterschied: 360 m.
Anforderungen: Forst- und Wanderwege meist gut markiert, kurz Sträßchen, anhaltender aber wenig steiler Aufstieg.

Einen kleinen Flecken Wacholderheide haben die gefräßigen Abbaumaschinen im Steinbruch des Zementwerks Dotternhausen auf dem ausgehöhlten Plettenberggipfel übriggelassen. Er versteckt sich hinter dem dominierenden Fernmeldeturm. Eine Materialseilbahn und die Hochspannungsleitungen am Bergfuß verpassen dem Aussichtsberg weitere Schönheitsfehler. Und dennoch: Zumindest einmal im Leben sollte man dem vergewaltigten Berg aufs eingefallene Dach steigen, allein schon wegen der Aussicht.

Wir spazieren zur Kirche und folgen der Schulstraße links am Weiher vorbei und unter der Hochspannungsleitung hindurch. Das Wirtschaftssträßchen wird an der Wasserversorgung durch einen Forstweg abgelöst. Wir halten uns 300 m weiter bei der Wegverzweigung links und wandern sanft ansteigend durch den Traufwald hinauf.

Vor dem Flachstück weist uns das *blaue Dreieck* auf einen Wanderweg, der oberhalb rechts in ein Forststräßchen einmündet. An der Schranke am Steinbruch nimmt uns ein Fußpfad auf, bevor uns der Fahrweg rechts zum 158 m hohen Turm der Post führt. Auf einer Wiesenspur über die Wacholderheide ist's nun nicht mehr weit hinüber zum Aussichtskreuz am Steilabfall und wieder auf markiertem Wanderweg an der Materialseilbahn vorbei, zum **Plettenberggipfel**, auf der einen Seite der gigantische Steinbruch, auf der anderen der erhebende Tiefblick ins Albvorland.

Um die Dimension des Steinbruchs erfassen zu können, lohnt es sich, auf dem Natursträßchen zum Schafhaus zu wandern. Von dort nimmt man das Sträßchen unter dem Gipfel vorbei und im weiteren Verlauf den mit *blauem Dreieck* markierten Wanderweg durch den Traufwald hinunter. Zuletzt schlendern wir auf der Straße am Sportplatz vorbei zurück nach **Dotternhausen**.

Der 1002 m hohe Plettenberg von Norden.

8 Lochenpaß – Lochenstein, 963 m – Schafberg, 987 m – Gespaltener Fels, 1000 m

In der Felsenwelt der Balinger Berge

Talort: Weilstetten, Stadtteil von Balingen, am Bergfuß des Lochensteins. Information: Schul- und Kulturamt, 72336 Balingen, ✆ (07433) 170-261.
Ausgangspunkt: Bushaltestelle Lochen-Jugendherberge am Lochenpaß, 890 m.
Gehzeiten: Lochenpaß – Lochenstein ¼ Std., Lochenstein – Schafberg ¾ Std., Schafberg – Gespaltener Fels ½ Std., Rückweg ½ Std., Gesamtgehzeit 2 Std. (6 km).
Höhenunterschied: 250 m.
Anforderungen: Gut markierte Wanderpfade und Fahrwege, kurze und überwiegend leichte Anstiege.

Mit kecker Felsennase erhebt sich der Lochenstein über der bei Motorradfahrern beliebten Lochenpaßstraße. Wandert man ein Stück hinein in die verträumte Wacholderheide der reizvollen Balinger Berge, ist das Motorengeheule schnell verstummt. Ohne andere mit unserem Sportsgeist zu belästigen, nähern wir uns einem der schönsten Aussichtspunkte der Alb.

Vom Parkplatz am **Lochenpaß** schwingen sich anfangs steile, teils etwas felsige Kehren hinauf zur abgeflachten Gipfelwiese mit einem Hüttchen. Eine Pfadspur zieht sich zum kreuzgeschmückten Gipfelfelsen des **Lochensteins** (963 m). Die Aussicht ist wahrlich atemberaubend, das Felsprofil von Südwesten mutet alpin an. Ein Plätzchen zum Verweilen.

Auf dem südwestlich talwärts leitenden Wanderpfad erreichen wir den Gipfelfuß am Sattel (870 m) in einem Kiefernwäldchen. Wir folgen dem Fahrweg Richtung Schafberg rechts über den Wacholderhang empor. Über den Wenzelsteinsattel – auf der Erhebung stand einst eine Burg – wandern wir, an der 945 m hohen Einsattelung der Bezeichnung »Hinterer Schafberg« folgend, auf einem reizvollen Wiesenweg durch den Märchenwald zum **Schafberg-Aussichtspunkt** (987 m) mit genüßlichen Tiefblicken.

Man nimmt den bekannten Rückweg zur Einsattelung und gewinnt ohne große Anstrengung einen dritten Gipfel. Ein markierter Wanderpfad schleicht über den Hohen Fels (996 m) zum **Gespaltenen Fels** (1000 m) mit beeindruckendem Felsengarten und hübscher Aussicht. Für den Rückweg zum Parkplatz wählen wir den Abstieg über den sonnigen Wiesenhang und den Fahrweg mit den Alleebäumen unter dem Lochenstein vorbei.

Unverwechselbare Felsennase über Weilstetten: der Lochenstein, 963 m.

9 Nusplingen – Mariafels – Nusplinger Hütte

Gemütlicher Bäratal-Ausflug

Talort: Nusplingen, im Oberen Bäratal, zwischen Balingen und Fridingen. Information: Bürgermeisteramt, 72510 Nusplingen, ✆ (07429) 2377.
Ausgangspunkt: Kirche, 723 m.
Gehzeiten: Nusplingen – Nusplinger Hütte 1 Std., Rückweg 1½ Std., Gesamtgehzeit 2½ Std. (9 km).
Höhenunterschied: 240 m.
Anforderungen: Nur teilweise markierte Wanderpfade, Wirtschafts- und Waldwege, kurzer Aufstieg.
Einkehr: Nusplinger Hütte (nur sonntags).

Einen ›christlichen‹ Spruch kann der Besucher an der Mariengrotte oberhalb Nusplingen lesen: »Achtung – beim gewaltsamen Öffnen der Opferstöcke Lebensgefahr.« Da muß einen braven Kirchdiener eines Tages ganz schön der Zorn gepackt haben. Hat er die Heilige Muttergottes um die höchstmögliche Bestrafung jedes Grotten-Saveknackers angefleht oder sind gar Sprengsätze in die sakralen Tresore eingebaut?

Auftakt ist die mit *gelbem Dreiblock* markierte Steige hinauf zur alten Fachwerkkirche. Wir schwenken links in die Straße ein und orientieren uns sogleich wieder am Wanderwegweiser »Heidenstadt«. Eine steile Grasspur führt uns bergan zur Straßenkehre. Dort nimmt uns ein Wanderpfad auf und trägt uns durch den Mischwald gerade empor (auf Markierungen achten), ein Sträßchen querend, zum **Mariafels** mit der hübschen Grotte.

Anfangs noch durch den Wald leitend, mündet unsere Route nach einem weglosen Wiesenabschnitt in einen Forstweg. An der Wegkreuzung (910 m) nach dem Waldflecken halten wir uns rechts und bummeln auf dem Wirtschaftsweg über die Wiesen mit eingestreuten Baumgruppen zum Weiler Steighöfe. Das Wanderheim **Nusplinger Hütte** des Schwäbischen Albvereins hat ganztägig nur am Sonntag geöffnet.

Nun wandern wir auf der Straße talwärts – die Kehre kürzen wir auf einem Fahrweg ab – und wählen dann, den Wegweiser »Zum Bäratalweg« beachtend, den kurzzeitig etwas verwachsenen Weg gerade durch die schmale Waldschneise hinunter. Unterhalb folgen wir der mit »Bärental« ausgewiesenen und mit *gelbem Dreiblock* markierten Route zur Straße Fridingen – Balingen (700 m). In diese schwenken wir rechts ein, biegen Richtung Egesheim ab und spazieren nach der Brücke über die Obere Bära rechts auf dem Waldweg an einem Schuppen vorbei bergan und mit Ausblicken aufs Bäratal zurück nach **Nusplingen**.

Die alte Nusplinger Kirche.

10 Zillhausen – Hundsrücken, 931 m

Erholsame Waldtour über Balingen

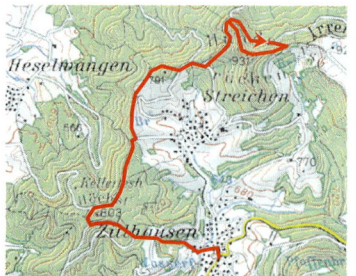

Talort: Zillhausen, Stadtteil von Balingen, in sonnigem Hochtal. Information: Schul- und Kulturamt, 72336 Balingen, ℂ (07433) 170-261.

Ausgangspunkt: Kirche, 644 m.

Gehzeiten: Zillhausen – Hundsrücken 2 Std., Rückweg 1½ Std., Gesamtgehzeit 3½ Std. (14 km).

Höhenunterschied: 390 m.

Anforderungen: Ausreichend markierte Wanderpfade, Waldwege und Forststräßchen, kurzer Abschnitt auf einer Straße, nur sanfte Anstiege.

Die leichte Routenführung über die schattigen Höhenzüge zum einsamen Hundsrücken, der sich immerhin mehr als 400 m über die Stadt Balingen erhebt, bietet ein ungetrübtes Wandererlebnis für die ganze Familie.

Wir beginnen auf der Straße Richtung Streichen, schwenken aber gleich wieder auf die Roßgumpenstraße ab. Unterhalb geht's über die Büttenbachbrücke und dem Wanderwegweiser »Balingen« folgend das mit *blauem Dreieck* markierte Sträßchen bergwärts. In der Kehre nehmen wir den Fahrweg am Bächlein entlang und wandern auf der Wiesenspur, eine Straße querend, endgültig in den geschlossenen Nadelwald hinein, wo uns ein Forststräßchen mit der gewohnten Markierung aufnimmt. An der Gabelung wenden wir uns auf dem Höchstweg rechts hinüber zur Straße (780 m), der wir ebenfalls rechts leicht bergab bis zum Waldende (730 m) folgen.

Dort orientieren wir uns am Schild »Hundsrücken« und folgen dem *blauen Dreieck* am Waldsaum entlang. Der Wirtschaftsweg verschmälert sich bald zu einer schwachen Wiesenspur. Wo er ins Gehölz taucht, stößt man wieder auf die *blauen Markierungen* und den Wegweiser »Hundsrücken«. Vom Waldweg biegen wir links ins Teersträßchen ein und halten uns nach 200 m an den Baurenwaldweg.

An der Gabelung nach weiteren 200 m zweigt man links ab und spaziert nach einem kurzen Anstieg nördlich um den Hundsrücken herum. 1,5 km nach dem Aufschwung versäume man nicht rechts die Wanderpfad-Abzweigung Richtung Irrenberg. Oben am Waldrand mit Ausblick – der linke Weg führt durchs Naturschutzgebiet am Irrenberg mit dem Erdrutsch – geht's rechts hinauf, an ein paar Ruhebänken vorbei, zum Gipfel des **Hundsrückens** (931 m) mit den vorgeschichtlichen Schanzen.

Für den Rückweg wählen wir den mit *blauem Dreieck* markierten Wanderpfad über den Nordrücken, der unten wieder in den bekannten Kurs einmündet. Dieser leitet uns zurück nach **Zillhausen**.

Die ersten Herbstboten halten Einzug in den Traufwäldern der Balinger Berge.

11 Boll – Raichberg, 956 m – Zeller Horn, 912 m

Eindrucksvolle Tiefblicke in der Zollernalb

Talort: Boll, Stadtteil von Hechingen, zu Füßen der Burg Hohenzollern. Information: Städt. Verkehrsamt, 72379 Hechingen, ✆ (07471) 185-114.

Ausgangspunkt: Kirche, 560 m.

Gehzeiten: Boll – Raichberg 2 Std., Raichberg – Zeller Horn 1 Std., Rückweg 1 Std., Gesamtgehzeit 4 Std. (13 km).

Höhenunterschied: 440 m.

Anforderungen: Gut markierte Wanderpfade und Forstwege, Rückweg von Mariazell auf stillem Sträßchen, langer aber kraftsparender Aufstieg.

Einkehr: Nägelehaus auf dem Raichberg.

Nahezu 500 m überragt die aussichtsreiche Plattform des Raichbergturms die Stadt Hechingen. Der vergängliche Hangende Stein und der Backofenfelsen warten mit den schönsten Tiefblicken der Zollernalb auf, und vom Bergvorsprung des Zeller Horns präsentiert sich die Burg Hohenzollern besonders prachtvoll.

Beginnen wir in der Dorfstraße. Die Zollerbergstraße strebt direkt auf die stolze Burg Hohenzollern mit ihren markanten spitzen Türmen zu. Die *blaue Raute* leitet uns über die Obstwiesen hinauf. Nach einem kurzen waldigen Pfadabschnitt folgen wir links dem mit *blauem Dreieck* markierten Forststräßchen gemütlich bergwärts durch den Mischwald. An der Gabelung beim alten Wasserhäuschen beachtet man den Wegweiser »Zollersteighof«. Wir kommen an der Hexenlinde vorbei und halten uns an der folgenden Gabelung weiter bergan. Bald dirigiert uns der gewohnte Wegweiser auf einen breiten Wanderweg, die Zollersteige. Diese gleicht oberhalb eher einem tief eingefressenen Bachbett.

Beim Zollersteighof wenden wir uns links dem Natursträßchen zu und folgen gleich darauf dem Feldweg und im weiteren Verlauf dem flachen Wanderpfad durch einen Waldstreifen zur Fuchsfarm. Vom Wanderparkplatz südlich des Raichbergs wählt man vorzugsweise den Wirtschaftsweg hinüber zum Waldrand und steigt von den Ruhebänken kurz auf dem Pfad hinauf zum beliebten Nägelehaus und zum Aussichtsturm (956 m) des **Raichbergs** mit großem Grillplatz, nebenan die beiden Funktürme.

Hinunter zum Hangenden Stein nehmen wir den bekannten Pfad und queren den vorhin benutzten Feldweg sowie einen weiteren in der Wiesenmulde. Der Aussichtsfelsen (923 m) mit reizvollem Tiefblick ins dicht bewaldete Bärentäle löst sich, mitunter bedingt durch die Erdbebentätigkeit im Raum

Albtadt sowie den Niederschlagsreichtum am Albtrauf, durch einen langen und tiefen Spalt allmählich vom Verband. Der wurzelige Trauf-Wanderweg überrascht von den beiden Aussichtspunkten des Backofenfelsens (942 m) mit weitreichenden Ausblicken ins Albvorland.

Nach einem kurzen Abstieg zu einem Sattel (910 m) nimmt uns der mit *rotem Balken* bezeichnete Forstweg zum **Zeller Horn** (912 m) mit der vorgelagerten Unterstandshütte auf. Auf den Serpentinen hinunter durch den Traufwald nach Mariazell leiten uns anfangs Treppenstufen. Vom Kirchlein geht's nochmals über ein paar Treppen, bevor uns das geteerte Sträßchen über die Obstwiesen zurück nach **Boll** trägt.

Auf dem Raichberggipfel lädt das Nägelehaus den durstigen Wanderer zu einer kleinen Tourenunterbrechung ein.

12 Neuweiler – Onstmettinger Wacholderheide

Sonniger Spaziergang auf der Albhochfläche

Talort: Albstadt-Tailfingen im Schmiechatal. **Sehenswert:** Städt. Galerie, Albaquarium, Marktbrunnen, Klosteranlage, Musikhistorisches Museum, Museum im Kräuterkasten, Philipp-Matthäus-Hahn-Museum, Wildschweingehege. Information: Verkehrsamt, 72458 Albstadt, ℂ (07431) 1600.
Ausgangspunkt: Neuweiler, 860 m. Anfahrt: 3 km Richtung Jungingen.
Gehzeiten: Neuweiler – Onstmettinger Wacholderheide 1¼ Std., Rückweg über Linkenboldshöhle 1¼ Std., Gesamtgehzeit 2½ Std. (10 km).
Höhenunterschied: 60 m.
Anforderungen: Gut markierte Wirtschaftswege, keine nennenswerten Anstiege.

Wer sich ohne Anstrengung ein bißchen die Füße vertreten möchte und dabei die Abgeschiedenheit und Ruhe der Heidelandschaft sucht, der wird auf den Schafweiden der Zollernalb ein paar unbeschwerte und erholsame Stunden erleben.

An der Straßenkreuzung unweit der Häuser von **Neuweiler** spazieren wir auf dem mit *roter Raute* markierten Wirtschaftssträßchen Richtung Nägelehaus kaum spürbar bergan. Ab dem Umspannwerk geht's ohne Asphaltdecke weiter. Vor der Linkenboldshöhle nehmen wir die linke Abzweigung und bleiben zwischen der markanten Anhöhe der fast 1000 m hoch gelegenen Burg und dem rechtsseitig gelegenen Waldschopf hindurch stets der gewohnten *roten Raute* treu.

Nach der Querung der Straße Onstmettingen – Hausen erlebt man auf den sonnigen Südwesthängen eine noch typische **Wacholderheide** und mit etwas Glück wandernde Schafherden. Vielerorts gewinnt mangels Beweidung langsam der Wald die Oberhand über diese uralten Kulturflächen. Man sollte sich eine Weile Entspannung gönnen in diesem versteckten Winkel, nahe des geschäftigen Treibens.

Für den Rückweg schlagen wir nach der Straßenquerung einen kleinen Alternativkurs um den Waldschopf ein, das heißt, wir wandern einfach der Nase nach, an der leider verschlossenen Linkenboldshöhle vorbei, zurück nach **Neuweiler**.

Unser Wanderziel in der Zollernalb: Die Onstmettinger Wacholderheide unter dem Burggipfel.

Reutlinger Alb

Die Reutlinger Alb ist eines der meist frequentierten Wandergebiete der Schwäbischen Alb. Sie ist nur in ihrem westlichen Teil durch die Waldhöhen des Rammert vom Neckartal getrennt. Der Besucherandrang an Wochenenden ist verständlich, wenn man nur an Sehenswürdigkeiten wie Schloß Lichtenstein, die Nebelhöhle bei Genkingen oder die Bärenhöhle bei Erpfin-

Märchenhafter Waldgürtel unter dem Achalmgipfel.

Ausblick vom 825 m hohe Wackerstein.

gen mit ihren jeweils prachtvollen Tropfsteinbildungen denkt. Landschaftliche Höhepunkte liegen hier oft dicht beieinander. Besonders gesegnet damit sind die Höhen beiderseits des Echaztals. Der Albwanderer hat die Qual der Wahl. Wer gerne in geheimnisvollen, unbeleuchteten Höhlengewölben auf Entdeckung gehen möchte, findet dazu im Raum Lichtenstein reichlich Möglichkeiten.

Ähnlich wie zwischen Balingen und Hechingen muß man auch in der Fortsetzung des wuchtigen Albtraufs bis Reutlingen große Höhenunterschiede überwinden, wenn man hinauf auf die bequemen Karsthöhen möchte. 450 Höhenmeter sind es beispielsweise von Gomaringen auf den Roßberg. Auch in der Reutlinger Alb ist die Trauflinie ziemlich zerrissen, doch schneiden sich die Täler lange nicht so weit in den Albkörper hinein wie weiter im Westen. Ein mannigfaltiger Landschaftscharakter: Immer wieder öffnen sich Seitentäler, versuchen sich einzelne Berge vom Traufverband zu lösen. Echte Ausliegerberge kommen hier jedoch nicht zustande. Relativ isoliert stehen nur der Farrenberg bei Mössingen und die vielbesuchte Achalm direkt über Reutlingen. Sonnige Gipfel und vor allem Aussichtstürme wie auf dem Roßberg, dem Schönberg bei Pfullingen und der Achalm präsentieren an klaren Tagen Bergblicke bis hinein in die Schweizer Alpen.

13 Schlatt – Beuren – Brunnengrat, 850 m

Über die Beurener Heide zum Schwäbischen-Alb-Nordrandweg

Talort: Schlatt, Stadtteil von Hechingen, im Starzeltal. Information: Städt. Verkehrsamt, 72379 Hechingen, ✆ (07471) 185-114.
Ausgangspunkt: Bahnstation, 552 m.
Gehzeiten: Schlatt – Beuren 1 Std., Beuren – Brunnengrat 1½ Std., Rückweg 1 Std., Gesamtgehzeit 3½ Std. (13 km).
Höhenunterschied: 330 m.
Anforderungen: Gut markierte Wanderpfade und Wirtschaftswege, außer dem kurzen, steilen Traufanstieg nur wenig anstrengende Aufstiege.

Hoch über dem Starzeltal windet sich der Hauptwanderweg 1, der Schwäbische-Alb-Nordrandweg, am Trauf entlang und lockt den Wanderer mit herrlichen Ausblicken. Der kurzweilige Aufstieg über das abgelegene Dörfchen Beuren und durch die Busch-Vielfalt der Beurener Heide mit den reichen Wacholdervorkommen gestaltet die entdeckungsreiche Runde zu einem nachhaltigen Erlebnis.

Auf dem Abstieg vom Brunnengrat.

Bunt gemischter Weidebetrieb am Kirchenköpfle oberhalb Schlatt.

Wir queren bei der Kirche die Vorfahrtsstraße in die Prof.-Schuler-Straße und folgen der Killertalstraße, Wuhrstraße und Brunnenwörthstraße bergan. Ein mit *blauem Dreieck* markiertes Wirtschaftssträßchen schleicht durch das Wiesental mit einzelnen Baumgruppen Richtung Beuren. Von seinem Ende verschwindet eine Wiesen-Fahrspur geradeaus im Nadelwald. Ein Wanderweg leitet nun über den Heiligenbach-Holzsteg. Anschließend trägt uns ein Forstweg in Kehren durch den Mischwald hinauf in das abgelegene Dörfchen **Beuren** (684 m).

Wir wenden uns rechts und nehmen die Bismarckstraße talwärts. Vom Wanderparkplatz gibt es einen Fußweg über das Bachtälchen (650 m). Am Spielplatz mit dem Grill entscheiden wir uns für den unteren Wanderweg, der fast eben durch das Naturschutzgebiet Beurener Heide verläuft. Im Mischwald verschmälert sich unsere Route zum Wanderpfad und steigt erst mittelsteil und zum Schluß kräftig im Zickzack empor zur Traufkante.

Man hält sich rechts und steht in wenigen Minuten an einem Aussichtspunkt. Der mit *rotem Dreieck* markierte Wanderpfad trägt uns gemütlich am Trauf entlang und an einem weiteren Aussichtspunkt vorbei zum Tiefblick am **Brunnengrat**. Bald darauf weist uns die *blaue Raute* wieder hinunter nach Schlatt. Der Wanderweg quert einen Forstweg und führt an einem Brünnlein vorbei. Unterhalb schreiten wir über sonnige Wiesen mit einzelnen Sträuchern. Am Kaspers Kreuz halten wir die Richtung und nehmen von der ausladenden Eiche das Sträßchen zurück ins Dorf.

14 Mössingen – Hirschkopf, 800 m – Dreifürstenstein, 854 m

Begeisternde Schleichwege zu aussichtsreichem Eckpunkt

Talort: Mössingen, Stadt an der jungen Steinlach, am Rande der Reutlinger Alb. Sehenswert: Museum Rechenmacherhaus. Information: Reise- und Verkehrsbüro, 72116 Mössingen, ✆ (07473) 4064.
Ausgangspunkt: Bahnhof, 460 m.
Gehzeiten: Mössingen – Hirschkopf 1¾ Std., Hirschkopf – Dreifürstenstein ¾ Std., Rückweg 1¼ Std., Gesamtgehzeit 3¾ Std. (14 km).
Höhenunterschied: 430 m.
Anforderungen: Überwiegend gut markierte Wanderpfade, Waldwege und Wirtschaftssträßchen, zwei kurze Steilanstiege, etwas Orientierungssinn vorteilhaft.

Ein eindrucksvolles Naturdenkmal trifft der Wanderer auf dieser kurzweiligen Rundtour an, die Hangrutschung im Naturschutzgebiet am Hirschkopf. Im Frühjahr 1983 donnerte ein gewaltiger Teil dieser Nordflanke, bedingt durch Frosterosion und niederschlagsreiche Perioden, ins Buchbachtal hinunter und riß einen beachtlichen Flecken Traufwald mit in die Tiefe. Unweit westlich, am Dreifürstenstein, genießt man an klaren Tagen Ausblicke bis in den Schwarzwald und in die Schweizer Alpen.

Nach Queren der Vorfahrtsstraße folgen wir dem Wegweiser »Dreifürstenstein« auf der gleichnamigen Straße und nehmen das sanft bergan führende, mit *blauem Dreieck* markierte Wirtschaftssträßchen. An einer Ruhebank weist uns die Bezeichnung »Olgahöhe« auf eine kaum erkennbare Pfadspur, die an der Wasserversorgung vorbei steil hinauf über die Obstwiesen leitet. Wir beachten die *blaue Raute* und halten uns auf dem Sträßchen Richtung Farrenberg. Vom Parkplatz nach dem Spielplatz mit Grillstelle orientiert man sich stets am *blauen Dreiblock* Richtung Dreifürstenstein (die *blaue Raute* führt zum Farrenberg).

Die verschwiegene Route schleicht bald als Waldweg, im weiteren Verlauf etwas verwachsen, flach durch prächtigen Mischwald mit Wacholder und Lärchen zum Sattel zwischen Farrenberg und Hirschkopf. Dort dirigiert uns der *blaue Dreiblock* auf einen Wanderpfad, benützt kurz eine Forstwegkehre und überwindet in kraftsparenden Serpentinen den steilen Nordhang zur Unterstandshütte am **Hirschkopf** (800 m), direkt über der Hangrutschung. Auf dem Wanderweg am Trauf entlang gewinnt man beeindruckende Tiefblicke. Nach einem kurzen Aufstieg ist der Aussichtspunkt **Dreifürsten-**

Auffallende Baumvielfalt während des Aufstiegs zum Sattel unter dem Hirschkopf.

stein mit der Schutzhütte des Zollergaus vom Schwäbischen Albverein erreicht.

Zurück an der Gabelung etwas unterhalb, tragen uns die mit *blauem Dreieck* markierten, steilen Pfadwindungen Richtung Mössingen durch den Traufwald talwärts. Weiter unten folgen wir dem spärlich markierten Waldweg. Unser etwas Orientierungssinn erfordernder Kurs mündet nach einer Forstwegquerung links in einen weiteren Forstweg und zweigt nach der Kehre bei einer Unterstandshütte wieder auf einen schmäleren Waldweg ab, der uns zum bekannten Wirtschaftssträßchen zurück nach **Mössingen** bringt.

15 Talheim – Bolberg, 880 m – Filsenberg, 802 m

Buchtenreicher Trauf im Westen der Reutlinger Alb

Talort: Talheim, Stadtteil von Mössingen, im obersten Steinlachtal. Information: Reise- und Verkehrsbüro, 72116 Mössingen, ✆ (07473) 4064.
Ausgangspunkt: Bushaltestelle Farrenbergstraße, 570 m.
Gehzeiten: Talheim – Bolberg 1¾ Std., Bolberg – Filsenberg ¾ Std., Rückweg 1¼ Std., Gesamtgehzeit 3¾ Std. (14 km).
Höhenunterschied: 350 m.
Anforderungen: Wander- und Forstwege meist gut markiert, kurzzeitig Wirtschaftssträßchen, langer aber gemütlicher Aufstieg.

Der Rand der Schwäbischen Alb um Talheim ist ungemein stark gegliedert. Manche Trauffinger sind schon fast von der Juratafel abgetrennt, andere, wie etwa der Filsenberg, nur noch durch eine »dünne Nabelschnur« mit dem »Muttergebirge« verbunden. Die informativen Ausblicke auf die wallenden, formenreichen Mischwaldmäntel gestalten sich auf solchen vorgerückten Bergspornen besonders reizvoll.

Los geht's in der Kirchstraße. Wir beachten bei der Kirche die Bezeichnung »Filsenberg« und orientieren uns kurz darauf an den *blauen Rauten*, die um den Kirchkopf herum Richtung Bolberg leiten. Wo der Wanderweg einen Forstweg quert, folgen wir diesem rechts am Seebach entlang. Weiter oben mündet unser Kurs in eine breite Forststraße. In diese schwenken wir ebenfalls rechts ein. Anschließend weist uns das *rote Dreieck* auf dem Wanderpfad durch Buchenwald bergan zum Aussichtspunkt **Bolberg** (880 m). Wir müssen unterwegs nur darauf achten, daß wir kurz nach der Einmündung unserer Route in einen Fahrweg in der Kurve geradeaus die Wiesenspur nehmen. Im Wald treffen wir dann wieder einen markierten Wanderweg an.

Von der prächtig gelegenen Hütte des Schwäbischen Albvereins auf der Oberen Wiese mit dem Rastplatz spazieren wir kurz zurück bis zur Wegverzweigung und beachten den *blauen Dreiblock*. Der Wanderweg trägt uns talwärts zu einer Einsattelung (765 m) und zur Filsenberg-Unterstandshütte. Eine Grasspur leitet nun über die Magerwiesen durchs sonnige Naturschutzgebiet. An der Routengabelung wandern wir weiter auf der Höhe zum Aussichtspunkt **Filsenberg** (802 m) mit schönem Tiefblick auf Talheim.

Von der Feuerstelle führt unser Rückweg Richtung Mössingen, erst als markierter Waldweg (*blaue Raute*), später als Pfad über den Abhang hinunter. Nun heißt's kurz aufpassen. Man wählt den Waldweg links am Jägerstand vorbei und biegt ebenfalls links in das Forststräßchen ein. Beim Teer-

Wildkirschen in der Reutlinger Alb.

beginn spaziert man auf den Radweg Richtung Sonnenbühl, hält sich gleich wieder rechts über die Bachbrücke und läßt sich von dem Wirtschaftssträßchen zurück nach **Talheim** tragen.

16 Öschingen – Genkingen – Roßberg, 869 m – Schönberger Kapf, 801 m

Beliebtes Wanderziel zwischen Öschenbach und Wiesaz

Talort: Öschingen, Stadtteil von Mössingen, im Tal des Öschenbachs. Information: Reise- und Verkehrsbüro, 72116 Mössingen, ✆ (07473) 4064.
Ausgangspunkt: Ortsmitte, 550 m.
Gehzeiten: Öschingen – Genkingen 2¼ Std., Genkingen – Roßberg 1¼ Std., Rückweg 1¼ Std.; Gesamtgehzeit 4¾ Std. (16 km).
Höhenunterschied: 470 m.
Anforderungen: Wanderpfade und Forstwege meist markiert, kurzzeitig wenig befahrenes Sträßchen, zwei steile aber kleine Anstiege, etwas Orientierungssinn ist von

Vorteil.
Einkehr: In Genkingen und auf dem Roßberg.

Eine trotz des beachtlichen Höhenunterschiedes wenig anstrengende Unternehmung, die nicht nur durch erfrischende Traufwälder, sondern auch über sonnige Albhöhen zu einem begehrten Aussichtsberg führt.

In der scharfen Kehre im Dorf weist uns das *blaue Dreieck* zu den zahlreichen Treppenstufen des Auchterweges Richtung Roßberg. Oberhalb der Häuser geht's auf einer Wiesenspur weiter, bevor sich ein Wanderweg durch den Traufwald emporwindet zu einem Forststräßchen. Dieses verfolgen wir rechts, südlich um den Schönberger Kapf, über die 710 m hohe Kuppe hinein ins enge Tal des Öschenbachs.

Nach einem vergnüglichen Abstieg schwenken wir links auf die Forststraße in der Talsohle und orientieren uns an der Gabelung, wo der markierte Wanderweg einmündet, am Schild »Roßberg«. Nach weiteren 400 m nehmen wir an der Wegverzweigung die Brücke über den jungen Öschenbach und spazieren über die Rechtskehre bergan. Etwa 600 m nach der Brücke folgt man an der Kreuzung links dem Waldweg durch den dunklen Mischwald bergan. An der Gabelung vor dem Waldende hält man sich wenige Meter über die Wiese hinüber zu einem Feldweg. Dieser führt uns rechts über den Eichplatz zum Weg vom Bolberg. Nun haben wir nicht mehr weit nach **Genkingen**. Gleich am Ortsanfang lädt uns die Gaststätte Rosengarten zu einer verdienten Einkehr.

Anschließend wandern wir die Straße zurück und wählen den anfangs geteerten Wirtschaftsweg am Rastplatz vorbei Richtung Schützenhaus. Wo dieser Weg abknickt, weist uns das *rote Dreieck* geradeaus auf einen talwärts führenden Waldweg. Ein Sträßchen trägt uns zum Fuß des Roßbergs, wo uns der Wanderweg durch den Mischwald hinauf zum Aussichtsturm mit dem bewirtschafteten Wanderheim auf dem **Roßberggipfel** (869 m) leitet. Für den Abstieg nehmen wir den mit *blauem Dreieck* markierten Wanderweg Richtung Öschingen. Unterhalb verfolgen wir die Pfadspur am linken Waldrand der versteppten Wiesenfläche entlang. Einzelne Charakterbäume, ausladende Fichten und Kiefern, alte Eschen und Kirschbäume, verleihen dem Roßfeld seinen eigenwilligen Charme. Vom **Schönberger Kapf** (801 m) hinunter ins Dorf, zuletzt auf bekannter Route, nimmt uns wieder ein Wanderweg auf.

Der Roßberg, eine beliebte Aussichtswarte in der Reutlinger Alb, überragt Gomaringen um 450 m.

17 Unterhausen – Nebelhöhle, 810 m – Wackerstein, 825 m

Prachtvolle Tropfsteinsäulen im Herzen der Reutlinger Alb

Talort: Lichtenstein-Unterhausen, Erholungsort im Echaztal, südöstlich von Reutlingen. Sehenswert: Wilhelm-Hauff-Museum und Olgahöhle sowie Echazquelle im Ortsteil Honau. Information: Bürgermeisteramt, 72805 Lichtenstein, ✆ (07129) 696-0.
Ausgangspunkt: Bushaltestelle Unterhausen-Bahnhofstraße, 507 m.
Gehzeiten: Unterhausen – Nebelhöhle 1¼ Std., Nebelhöhle – Wackerstein 1 Std., Rückweg 1¼ Std., Gesamtgehzeit 3½ Std. (12 km).
Höhenunterschied: 380 m.
Anforderungen: Meist markierte Wander- und Forstwege, anfangs Wirtschaftssträßchen, Nebelhöhlen-Aufstieg wenig anstrengend.
Einkehr: An der Nebelhöhle.

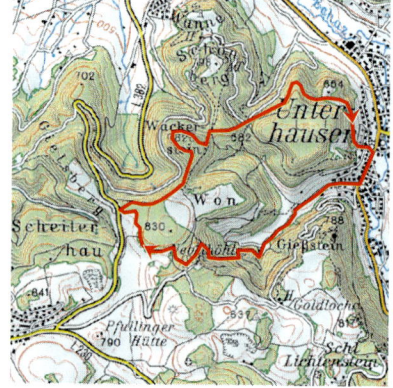

Die Alte Nebelhöhle, bereits im Jahre 1486 als »Nebelloch« erwähnt, bekam 1803 extra für den Besuch des Kurfürsten Friedrich von Württemberg einen neuen Eingang. Heute ist sie mit der erst im Jahre 1920 entdeckten, 400 m langen Neuen Nebelhöhle verbunden. Vom Genkinger Eingang lohnt sich eine Führung durch die vier Hallen. Der Wackerstein ist ein besonders schöner Aussichtsfelsen.

Wir nehmen die Friedrich-List-Straße in südlicher Richtung und folgen an der Bushaltestelle Ludwigstraße der Beschilderung »Gasthaus Schwanen«. Die Nebelhöhlestraße führt uns zum Ortsende. Von dort folgt man stets dem mit *blauem Dreieck* markierten Wirtschaftssträßchen geradeaus am Reißenbach entlang. Unsere Route über den Traufhang empor zur **Nebelhöhle** (810 m) verläuft ab dem Talschluß teils auf Wanderwegen, teils auf Forstwegen.

Von der Höhle spazieren wir bergab über den Waldhang, schwenken unterhalb rechts in den Forstweg ein und halten uns an den Wegweiser »Ramstel«. Wo der Weg hinunter zur Straße abknickt, folgen wir geradeaus auf einem Pfad am Waldrand entlang dem *blauen Dreieck*. Ein Waldweg leitet uns, an der Straße scharf abbiegend, am Trauf entlang zum Fuß des Wackersteins (750 m). Höhlenfreunde können sich hier auf die Suche nach der Hanneshöhle machen, auch Pfullinger Höhle genannt. Ein Wanderpfad trägt uns nun hinauf zum vorgeschobenen Gipfel des **Wackersteins** (825 m), der auch bei Kletterern sehr beliebt ist.

Von dem herrlichen Aussichtspunkt mit dem abgespaltenen Felskloben, der das Kreuz trägt, dirigiert uns der *rote Balken* auf dem Pfad hinunter zur Wanderweg-Kreuzung und weiter zum Hinteren Sättele. Nun geht's weiter zum Sättele (versteckter Wegweiser) und geradeaus auf den unteren der beiden Forstwege (Schlingenweg). Von der Gabelung bei einer Wiese mit schönem Tiefblick aufs Echaztal steigen wir vollends hinunter nach **Unterhausen**.

Der 825 m hohe Wackerstein ist auch bei Kletterern ein gefragtes Ziel.

18 Lichtenstein – Schloß Lichtenstein, 810 m – Gießstein, 788 m

Stolzes Wahrzeichen über dem Echaztal

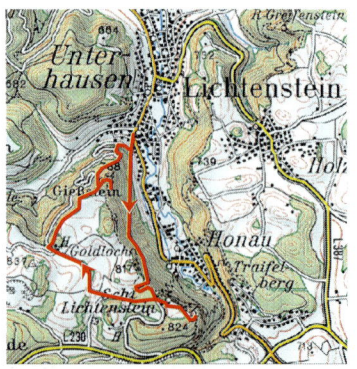

Talort: Lichtenstein, Erholungsort im Echaztal, südöstlich von Reutlingen. Sehenswert: Wilhelm-Hauff-Museum und Olgahöhle sowie Echazquelle im Ortsteil Honau. Information: Bürgermeisteramt, 72805 Lichtenstein, ✆ (07129) 696-0.

Ausgangspunkt: Bushaltestelle Oberhausener Steige, 510 m.

Gehzeiten: Lichtenstein – Schloß Lichtenstein 1 Std., Schloß Lichtenstein – Gießstein 1¼ Std., Rückweg ½ Std., Gesamtgehzeit 2¾ Std. (9 km).

Höhenunterschied: 350 m.

Anforderungen: Gut markierte Wanderpfade und Forstwege, kurz Wirtschaftssträßchen, anhaltender aber wenig steiler Aufstieg.

Einkehr: Im Alten Forsthaus beim Schloß.

Auf einem erhabenen Felsturm thront hoch über dem Echaztal das Schloß Lichtenstein. Bereits Anfang des 12. Jahrhunderts erbauten ritterliche Dienstleute der Achalmgrafen östlich des heutigen Schloßes als erste der insgesamt fünf Lichtenstein-Burgen den sogenannten Ur-Lichtenstein. Noch im selben Jahrhundert entstand unweit der Stammburg ein zweites Burggebäude, der »Alte Lichtenstein«, von dem heute noch Reste erhalten sind. Im Jahre 1840 schließlich ließ Graf Wilhelm von Württemberg, angeregt durch einen Roman von Wilhelm Hauff, das neugotische Schloß erbauen.

Die Beschilderung »Sportgelände« weist uns auf ein bergwärts führendes Sträßchen. Ein mit *blauem Dreieck* markierter Fußpfad steigt über Treppen zur Straßenquerung und leitet in die Schlößlessteige über, die uns ohne große Mühe durch den Mischwald hinauf und zuletzt durch ein Felsentor und am Restaurant Altes Forsthaus vorbei zum **Schloß Lichtenstein** (810 m) trägt. Nach einem Abstecher zum Alten Lichtenstein nehmen wir vom Restaurant den überbreiten Wanderweg Richtung Nebelhöhle, hinunter zum Beginn eines Teersträßchens, und spazieren auf diesem, an der Gabelung in der Mulde (750 m) rechts haltend, zur Kalkofenhütte.

Wir folgen nun auf dem Wanderweg am Trauf entlang den *roten Dreiecken* – in der Nähe befindet sich das Goldloch – und erreichen bergan durch ein Wäldchen den vorgerückten Aussichtspunkt **Gießstein** (788 m) mit fesselnden Tiefblicken. Im Felsen unterhalb sind kleine Aushöhlungen zu entdekken. Auf dem Rückweg wählen wir nach etwa 5 Minuten beim Wegweiser

Schloß Lichtenstein – eines der meist besuchten Ausflugsziele der Schwäbischen Alb.

rechts den anfangs unmerklich durch prächtigen Laubmischwald talwärts führenden Wanderpfad, der im weiteren Verlauf wieder mit *blauem Dreieck* bezeichnet ist. Unterhalb nehmen wir kurz das Sträßchen bergab und bummeln wieder auf der nun breiten Wanderroute, das Sträßchen querend, zurück nach **Lichtenstein**.

19 Groß-Engstingen – Gereuthau – Seitzhütte

Erlebnis Steppenheide

Talort: Engstingen, auf der Albhochfläche, zwischen Reutlingen und Trochtelfingen. Information: Bürgermeisteramt, 72829 Engstingen, ✆ (07129) 1221.
Ausgangspunkt: Ortsmitte, 700 m.
Gehzeiten: Groß-Engstingen – Gereuthau 1 Std., Gereuthau – Seitzhütte ½ Std., Rückweg 1 Std., Gesamtgehzeit 2½ Std. (10 km).
Höhenunterschied: 90 m.
Anforderungen: Meist unmarkierte Feldwege und Forststräßchen, kaum merklicher Anstieg, etwas Orientierungssinn vorteilhaft.

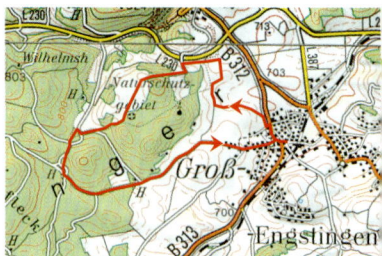

Die erholsame Rundwanderung entführt uns in eine typische Steppenheidelandschaft mit Weidebuchen, Wacholdergebüsch und anderen Wildsträucherarten, das Naturschutzgebiet Gereuthau. Bereits im Mittelalter rodete die Gemeinde Honau die ehemals dichten Waldbestände, um Weideflächen zu erhalten. Da die Wanderschäfer auf der Alb seltener werden, müssen zum Erhalt der Kulturlandschaft Wacholderheide landschaftspflegerische Maßnahmen durchgeführt werden. Früher bewahrten die Schafe das Heideland vor dem Ausbreiten des Waldes.

Der Gehsteig entlang der Honauer Straße Richtung Reutlingen trägt uns zum Dorfrand. Wir schwenken links in den Wirtschaftsweg ein und halten uns an der Wegkreuzung bei der Obstplantage rechts. Ein undeutlicher werdender Feldweg führt über die Äcker und um zwei scharfe Ecken Richtung Landstraße. Etwa 100 m vor dieser links abbiegend, leitet parallel dazu eine Fahrspur. An einer Überführung mündet unser Kurs links in einen Forstweg. Diesem folgen wir in einem Rechtsbogen bergan und erreichen, an einer Gabelung geradeaus haltend, über eine Waldkuppe das Naturschutzgebiet **Gereuthau** (790 m).

Wir bummeln auf dem sonnigen Wiesenweg über die Heideflächen hinunter und biegen unterhalb rechts in das Forststräßchen ein. An der folgenden Gabelung hält man sich abermals rechts und folgt an einer Wegteilung links dem mit *rotem Dreiblock* markierten Wanderweg zur **Seitzhütte**. Von hier aus führt auch eine markierte Wanderroute zur berühmten Erpfinger Bärenhöhle (hin und zurück etwa 7 km). Ein Forststräßchen führt uns nun hinaus auf die Felder und am Sportplatz vorbei zurück nach **Groß-Engstingen**.

Gefährdete Wacholderidylle. Mit dem Zurückgehen der Schafbeweidung greift der Wald immer mehr um sich und droht, so der Mensch nicht eingreift, das Heideland zu ersticken.

20 Holzelfingen – Ruine Greifenstein – Hof Stahleck

Kurzweilige Höhenwanderung in der östlichen Reutlinger Alb

Talort: Holzelfingen, Ortsteil von Lichten-stein, auf der Albhochfläche, südöstlich Reutlingen. Sehenswert: Freigehege. Infor-mation: Bürgermeisteramt, 72805 Lichten-stein, ✆ (07129) 696-0.

Ausgangspunkt: Bushaltestelle Römerstra-ße, 700 m.

Gehzeiten: Holzelfingen – Ruine Greifen-stein ¾ Std., Ruine Greifenstein – Hof Stahleck ¾ Std., Rückweg 1 Std., Gesamt-gehzeit 2½ Std. (9 km).

Höhenunterschied: 100 m.

Anforderungen: Gut markierte Wander- und Forstwege, kurze Abschnitte auf kaum befahrenen Sträßchen, keine nennens-werten Anstiege.

Einkehr: Hof Stahleck.

Eine beschauliche Spazierrunde für die ganze Familie, während der sich die Ausblicke auf die dichten, märchenhaften Traufwälder ohne vorangestellte Aufstiegsmühen so recht in vollen Zügen genießen lassen.

Am Gasthaus Krone beachten wir die Wanderweg-Markierung »Burgen-weg«. Der zusätzlich mit *rotem Dreieck* bezeichnete Hauptwanderweg 1 Richtung Stahleck eröffnet durch den Buchenwald an der Traufkante entlang von den einzelnen Aussichtspunkten, unter anderem Triebfelsen und Kleiner Greifenstein, herrliche Talblicke. Vorbei an der **Ruine Greifenstein** (750 m) mit der Unterstandshütte kommen wir zum Eckfelsen.

An diesem Aussichtspunkt verläßt die Markierung den Trauf und leitet uns auf ein Forststräßchen. Bald wechselt die Route wieder in einen Wanderweg talwärts zur Ruine Stahleck (700 m). Eine Wiesenspur führt uns kurz hinüber zum **Hof Stahleck**, einer beliebten Einkehr. Der Burgenweg schwenkt ein Stück vorher nach Norden ab und verläuft über den Übersberg nach Reutlin-gen.

Anschließend folgen wir rechts dem Sträßchen und nehmen, bevor dieses zu fallen beginnt, links die Wiesenspur bergan. Am Waldrand entlang heißt es auf die *roten Rauten* achten. Im weiteren Verlauf trägt uns ein Forstweg zurück zum Sträßchen. Wir queren die Vorfahrtsstraße (750 m) und nehmen den Waldpfad, bis uns der mit *rotem Dreiblock* markierte Wirtschaftsweg geradeaus zurück nach **Holzelfingen** leitet.

Eindrucksvoll gestaltet sich die beschauliche Wanderung von Holzelfingen an der Traufkante entlang zum Hof Stahleck.

21 Reutlingen – Achalm, 707 m – Eningen

Auf den Reutlinger Hausberg

Talort: Reutlingen, Kreisstadt und »Tor zur Schwäbischen Alb«, an der Echaz. Sehenswert: Gotische Marienkirche, erhaltene Teile der Stadtbefestigung, Tübinger Tor, mehrere schöne alte Brunnen, Naturkundemuseum, Heimatmuseum, Städt. Kunstmuseum, Stiftung für konkrete Kunst, Industrie-Magazin, Naturtheater und Erholungspark Markwasen mit Freigehege. Information: Verkehrsamt, 72764 Reutlingen, ✆ (07121) 303-2622.
Ausgangspunkt: Hauptbahnhof, 382 m.
Gehzeiten: Reutlingen – Achalm 1¼ Std., Achalm – Eningen ½ Std., Rückweg 1½ Std., Gesamtgehzeit 3¼ Std. (13 km).
Höhenunterschied: 350 m.

Anforderungen: Gut markierte Wanderwege und wenig befahrene Sträßchen, teilweise steiler Aufstieg.
Einkehr: Achalm-Wirtshaus und in Eningen.

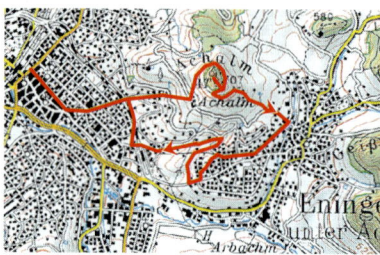

Die Achalm, ein nicht nur bei den Reutlingern äußerst beliebter, vor dem Albtrauf stationierter Aussichtsberg, ein Weißjura-Zeugenberg, war bereits in vorgeschichtlicher Zeit besiedelt. Im 11. Jahrhundert erbauten die beiden Grafen Egino und Rudolf eine Burg, die später an die Grafen von Württemberg ging. Viel ist von der ehemaligen Befestigungsanlage heute nicht mehr zu sehen. Der Bergfried mit der Aussichtsplattform wurde erst im Jahre 1838 auf Wunsch König Wilhelms I. an der alten Stelle neu errichtet.
Los geht's in der Gartenstraße. Beim Kino nehmen wir die Burgstraße, die wir auch bei der Evangelischen Kirche links haltend weiter verfolgen. Wir queren die Bahn und spazieren auf der Anliegerstraße bergan, bis der mit *blauem Dreieck* markierte Achalm-Wanderweg abgeht. Die unendliche Stufensteigerei beschert wachsende Ausblicke auf die Echazstadt. Über Wiesen mit lichtem Baumbestand kommen wir am Achalm-Wirtshaus vorbei und erreichen, zwischendurch auf einer alten Lindenallee schlendernd, um den Berg herum und zuletzt in steiler Manier den Waldschopf der **Achalm** (707 m). Der Aussichtsturm erfreut uns mit einem besonders schönen Tiefblick auf den Altstadtkern und schenkt uns eine weite Aussicht auf die vielen Traufhöhen und weit ins Albvorland hinaus.
Auf breitem Wanderweg steigen wir jenseits an der Burgmauer entlang talwärts und orientieren uns weiterhin an den *blauen Dreiecken*. Eine Wiesenspur mit der Bezeichnung »Rund um Eningen u. A.« leitet uns hinunter nach **Eningen** (463 m). Bei der Schillerschule am Ortsanfang wendet man sich rechts in die Sulzwiesenstraße, dem Wanderwegweiser »Reutlingen« folgend, und achtet besonders am Ortsende auf die Markierungen. Sie weisen uns links auf eine Wiesenspur, die kurz bergan zu einem schönen,

*Vom Aussichtsturm auf der Achalm präsentiert sich die Reutlinger Altstadt beson-
ders schön.*

schattigen Lindenpark (490 m) führt. Unterhalb nehmen wir rechts die Wen-
genstraße talwärts und beachten gleich nach der Kehre rechts wiederum die
Beschilderung »Rund um Eningen u. A.«. Erst geht's ein Stück auf einem
Wiesenpfad, später rechts auf einem Fahrweg ein Sträßchen querend und
das folgende links bergab. Nach dem Bahnübergang wandern wir rechts an
den Geleisen entlang und folgen dem bekannten Kurs zurück zum Bahnhof.

22 Eningen – Hohe Warte, 820 m – Wolfsfelsen, 791 m

Entdeckungsreiche Albhöhen über Metzingen

Talort: Eningen unter Achalm, Erholungsort in sonniger Lage, östlich Reutlingen. Information: Gemeindeverwaltung, 72800 Eningen u. A., ✆ (07121) 892-147.

Ausgangspunkt: Kirche, 463 m.

Gehzeiten: Eningen – Hohe Warte 1¾ Std., Hohe Warte – Wolfsfelsen ¾ Std., Rückweg 1½ Std., Gesamtgehzeit 4 Std. (15 km).

Höhenunterschied: 360 m.

Anforderungen: Gut markierte Wander- und Forstwege, kurze Abschnitte auf Wirtschaftssträßchen, nur mäßig steile Anstiege.

Einkehr: Gestütsgasthof St. Johann, Wanderheim am Speicherbecken.

Der zum Landgestüt Marbach gehörende Gestütshof St. Johann übt in jedem Falle eine gewisse Anziehungskraft auf den Albwanderer aus. Nicht nur, weil dort ein gemütliches Wirtshaus mit einer verdienten Stärkung wartet. Schließlich gibt es nicht überall auf der Alb ein Gestüts-Museum. Und wer vom Turm der Hohen Warte die weite Aussicht auf das Vorland genießen möchte, der kommt ohnehin nicht an den sehenswerten, alten Hofgebäuden vorbei, denn nur dort bekommt man den Turmschlüssel.

Von der Kirche bergansteigend, beachten wir den Wegweiser »Geißberg« und folgen der Geißbergstraße. Bald taucht der Wanderweg »Rund um Eningen u. A.« im Wald unter und bietet parallel zur Straße eine willkommene Alternative. Am Bad nehmen wir geradeaus den Forstweg, der mit *blauem Dreieck* markiert bald in einen schmäleren Wanderweg wechselt. Unsere Route schleicht durch den wilden Schluchtwald der Teufelsküche hinauf und führt Richtung St. Johann neben der Landstraße am Feldflora-Reservat Eninger Weide vorbei. Diese Anlage präsentiert alle auf der Schwäbischen Alb heimischen Sträucher, Wildrosen und Wildobstarten. Hier wird auch noch, wie anno dazumal, ohne Dünger und Gift die Dreifelder-Wirtschaft betrieben. Im weiteren Verlauf orientiert man sich am *roten Dreieck*, das uns durch eine alte Lindenallee und über eine Waldkuppe und die Straße querend zum Gestütshof St. Johann (759 m) leitet. Von dort schwingt sich ein als Waldlehrpfad angelegter Wanderweg hinauf zum Gipfel der **Hohen Warte** (820 m) mit dem leuchtend weißen Aussichtsturm. Die *rote Raute* weist uns nun auf den Wanderweg Richtung Metzingen. Wir spazieren durch eine Waldmulde, biegen nach der folgenden Kuppe links in das Forststräßchen ein und schwenken an der nächsten Gabelung auf den mit *blauem Dreiblock* ausgewiesenen Waldweg Richtung Speicherbecken ab. Wer den Turm bestiegen hat, muß zur Schlüsselabgabe zurück zum Gestütshof. Von dort geht's auf dem mit *rotem Dreiblock* markierten Forststräßchen weiter, bis der Waldweg Richtung Speicherbecken abzweigt.

Ein *blauer Pfeil* weist unterwegs auf den kurzen Abstecher zum Aussichtspunkt **Wolfsfelsen** (791 m) mit schönem Glems-Tiefblick. Auf die Markierungen achtend, kommen wir, teils auf Forstwegen, teils auf schmäleren Wanderwegen, zum Wanderheim am Speicherbecken (753 m). Ein Sträßchen trägt uns rechts um den Hochbehälter. Unterhalb an der Verzweigung wählt man den talwärts führenden Wanderweg, das Hännersteigle, nimmt zwischendurch ein Stück die Straße und folgt dem Wirtschaftssträßchen, der Alten Steige, über die sonnigen Wiesenhänge zurück nach **Eningen**.

Der kleine Abstecher zum Wolfsfelsen eröffnet einen informativen Ausblick auf Glems.

Hegaualb und Naturpark Oberes Donautal

Zum Bodenseeraum hin fällt die Abgrenzung der Schwäbischen Alb etwas schwer. Da der Randen sowie der Klettgau bereits auf Schweizer Seite liegen, gelten die Länge-Waldhöhen und die Landmarken der aussichtsreichen, teils aus Basalt aufgebauten Hegau-Vulkanberge wie der Neuhewen, der Hohenhewen und der Hohenstoffeln allgemein als südwestliche Ausläufer der Alb. Die Wutachschlucht bei Blumberg ist eindeutig dem Schwarzwald zuzurechnen. Als Südostgrenze darf man in etwa die Linie Aach – Messkirch – Scheer annehmen.

Eine der bei Wanderern wie bei Radfahrern, Bootswanderern und Sportkletterern gleichsam beliebtesten Landschaften der Schwäbischen Alb ist das dramatische, klippenreiche Durchbruchstal der Donau. Die leuchtenden Felsenriffe mit ihren exponierten Schlössern und Burgen überraschen mit unvergeßlichen Tiefblicken. Der Reichtum an landschaftlichen wie kulturellen Höhepunkten gestaltet das Obere Donautal zwischen Geisingen und Sigmaringen zu einem der schönsten Flußtäler Deutschlands. Nirgendwo sonst sind so viele Höhlen auf so engem Raum versammelt.

Es ist kaum zu glauben, daß dieses klägliche Rinnsal, das sich hier durch die fast alpin anmutende Felsszenerie quält, einst ein derart gewaltiges Tal in die Albtafel eingesägt haben soll. Doch zu jener Zeit nagte ein heute nicht mehr

Am Ufer der Donau in Sigmaringen.

Die Kapelle zwischen Laibfelsen und Stiegelesfels erinnert an die ehrwürdige
»Freifrau Anna von Höwen«.

vorstellbarer, übermütiger Schmelzwasserfluß am Kalkgestein der Jurahö-
hen. Der durchlässige Karst schluckte nach der letzten Eiszeit zwischen
Immendingen und Tuttlingen immer mehr Donauwasser und leitete es unterirdisch dem Aachtopf und somit dem Rhein zu, und dabei ist es bis heute
geblieben.
Die Anstiege aus dem Donautal empor zu den Albhöhen sind oft steil, aber
bei weitem nicht so hoch wie vergleichsweise jene aus dem nördlichen
Albvorland. Märchenhafte Seitentäler, wild und schluchtartig, beflügeln die
Phantasie des Besuchers. Ab Inzigkofen öffnet sich das Donautal, Industrie
macht sich zunehmend breit. Ab Mengen durchzieht eine kanalartige Donau
das nicht mehr besonders abwechslungsreiche Agrarland hinunter nach
Riedlingen und weiter Richtung Ulm, die Wanderwege werden rar.

23 Engen – Anselfingen – Hohenhewen, 844 m – Welschingen – Anselfingen

Lockender Vulkankegel in der Hegaualb

Talort: Engen, Städtchen im äußersten Südwesten der Schwäbischen Alb. Sehenswert: Naturnaher Stadtpark mit Teich und Inseln. Information: Verkehrsamt, 78234 Engen, ℭ (07733) 502202.
Ausgangspunkt: Bahnhof, 531 m.
Gehzeiten: Engen – Hohenhewen 1½ Std., Hohenhewen – Welschingen ¾ Std., Rückweg 1¼ Std., Gesamtgehzeit 3½ Std. (13 km).
Höhenunterschied: 420 m.
Anforderungen: Gut markierte Wanderpfade und Wirtschaftswege, wenig befahrene Sträßchen, Gipfelaufstieg etwas anstrengend.
Einkehr: In Anselfingen und Welschingen.

Der Basaltkegel des Hohenhewen, Wahrzeichen des nördlichen Hegaus, trug früher eine Burg, von der jedoch nur noch ein paar Mauerreste übrig sind. Der Rundblick von dem liebenswerten Bergziel auf die benachbarten Vulkangipfel und das Feldermosaik mit den eingestreuten Dörfern bleibt unvergeßlich.

Der Wanderwegweiser »Ballenberg« zeigt durch die Fußgänger-Bahnunterführung. Wir halten uns Richtung Singen, folgen der Ballenberg- und der Hewenstraße und spazieren ums Krankenhaus herum in die Goethestraße. Nach einer aussichtsreichen Anhöhe (560 m) treffen wir in **Anselfingen** (528 m) ein. Dort nehmen wir die Hohenhewenstraße und biegen an der Gabelung am steinernen Feldkreuz links ab. Ab der Unterstandshütte führt die Route steil bergauf mit schönem Rückblick auf die Stadt. Der Wanderweg 2 verläuft erst am Waldrand entlang, später durch den Mischwald und klettert zuletzt an Ruinenmauern entlang zum höchsten Punkt des **Hohenhewen** (844 m). Etwas grotesk muten die soliden Leitplanken in den Wanderwegkehren an.

Auf dem Anstiegsweg wandern wir zurück, bis der reizvolle, mit *rot-weißer Raute* markierte Wanderpfad nach Welschingen abzweigt. Anfangs geht's in Kehren durch den Wald und unterhalb über Wiesen mit beeindruckendem Rückblick auf den markanten Bergkegel. Man spaziert durch **Welschingen** (481 m), nimmt die Hohenhewenstraße und folgt dem markierten Wirtschaftsweg nach **Anselfingen**, wo wir auf die bekannte Route zurück nach **Engen** stoßen.

Landmarke in der Hegaualb: Der 844 m hohe Basaltkegel des Hohenhewen.

24 Engen – Napoleonseck, 800 m – Stetten – Zimmerholz

Beschauliche Hegauwanderung

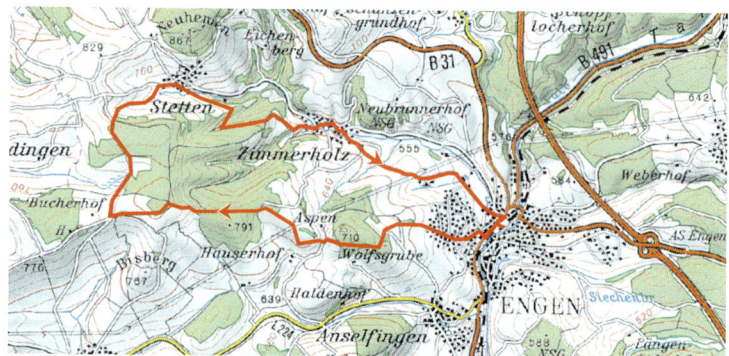

Talort: Engen, Städtchen im äußersten Südwesten der Schwäbischen Alb. Sehenswert: Naturnaher Stadtpark mit Teich und Inseln. Information: Verkehrsamt, 78234 Engen, ✆ (07733) 502202.
Ausgangspunkt: Bahnhof, 531 m.
Gehzeiten: Engen – Napoleonseck 1¾ Std., Napoleonseck – Stetten 1 Std., Stetten – Zimmerholz ¾ Std., Rückweg ¾ Std., Gesamtgehzeit 4¼ Std. (17 km).
Höhenunterschied: 300 m.
Anforderungen: Ausreichend markierte Wirtschafts- und Waldwege, Rückweg von Zimmerholz auf kaum befahrenem Sträßchen, wenig steile Anstiege.
Einkehr: In Stetten und Zimmerholz.

Eine vergnügliche Bummeltour, die immer wieder durch faszinierende Ausblicke überrascht und die landschaftlichen Reize der Hegaualb näherbringt.
Der Wanderwegweiser »Ballenberg« zeigt durch die Fußgänger-Bahnunterführung. Wir halten uns Richtung Singen, folgen der Ballenberg- und der Hewenstraße und beim Krankenhaus den *rot-weißen Markierungen*, die erst auf dem Gehweg über zahlreiche Stufen, oberhalb auf Siedlungsstraßen stets geradeaus bergan leiten. Wirtschaftswege tragen uns mit informativen Rückblicken auf die Stadt zum Kinderspielplatz. Im Wäldchen am Ballenberg achte man auf die Markierungen. Nach einem kleinen Höhenverlust geht's auf dem Feldweg abermals bergan. Eine Wiesenspur folgt dem Höhenrücken, bevor uns ein Forstweg über den Waldschopf und einen letzten Aufschwung zum **Napoleonseck** (800 m) trägt. In den ersten Maitagen des Jahres 1800 befand sich hier bei der Schlacht um Engen ein Gefechtsstand französischer Truppen.

Der Weiterweg auf dem Europäischen Fernwanderweg »Nordsee – Mittelmeer« eröffnet nach einem Wäldchen schöne Ausblicke zum Hohenhewen und zum Hohenstoffeln. Wir spazieren rechts auf dem mit *blau-gelber Raute* markierten Wirtschaftssträßchen durch eine Wiesenmulde und benützen nach dem Waldstreifen den Wanderweg über die Wiesen hinunter nach **Stetten** (730 m). Im Ort zweigt ein mit *grüner Raute* markierter Wanderweg ab, der im weiteren Verlauf als Wirtschaftsweg talwärts durch den Wald nach **Zimmerholz** (584 m) führt. Von dort trägt uns das stille Riedsträßchen zurück nach Engen.

Beim Napoleonseck, im Südwestzipfel der Schwäbischen Alb.

25 Bittelbrunn – Wasserburger Tal – Eigeltingen – Aachtopf

Der versunkenen Donau auf der Spur

Talort: Bittelbrunn, an sonnigem Berghang, östlich von Engen. Information: Verkehrsamt, 78234 Engen, ✆ (07733) 502202.
Ausgangspunkt: Kirche, 625 m.
Gehzeiten: Bittelbrunn – Wasserburger Tal 1¼ Std., Wasserburger Tal – Eigeltingen 1¼ Std., Eigeltingen – Aachtopf 1½ Std., Rückweg 2 Std., Gesamtgehzeit 6 Std. (22 km).
Höhenunterschied: 320 m.
Anforderungen: Teilweise spärlich markierte Wander- und Forstwege, verkehrsarme Sträßchen, ein paar kleine Anstiege.
Einkehr: In Eigeltingen und Aach.

Zwischen Immendingen und Tuttlingen verkümmert die Donau zu einem kläglichen Rinnsal. An so manchem Tag macht sich der junge, vormals strebsame Fluß sogar ganz aus dem Staub. Ein Großteil des Donauwassers versickert im durchlässigen Kalkgestein des Weißen Juras und bahnt sich unterirdisch einen Weg durch die geheimnisvollen Karsttiefen der Albtafel, um schließlich im Aachtopf, am Südwestrand der Schwäbischen Alb, erneut das Licht der Welt zu erblicken und nun den Rhein zu unterstützen. Heute hilft man dem Schwarzwaldfluß im Versinkungsbereich mit Umleitungsstollen hinunter nach Tuttlingen sozusagen künstlich auf die Sprünge.

Wir spazieren bei der Kirche bergan und beachten den Wanderwegweiser »Eckartsbrunn«. Dieser lenkt uns auf ein stilles Sträßchen dorfauswärts. Die *blau-gelbe Raute* weist nach etwa ½ Std. auf ein Forststräßchen, von dem später ein dunkler Waldweg abzweigt und hinunter ins **Wasserburger Tal** führt. Eine kaum befahrene, schmale Straße trägt uns durch ein reizvolles Trockental nach

Durch Eigeltingen führt die Tour zum südlichsten Alb-Quelltopf.

Eigeltingen (483 m). Dort halten wir uns Richtung Ortsmitte und orientieren uns an der Bezeichnung »Schloß Langenstein«.

Es ist ebenfalls die *blau-gelbe Raute*, die uns die linke, steile Steige hinaufleitet. Wir wandern ein Stück auf einem Feldweg, folgen der Wiesenspur zum Jägerstand am Waldeck und stoßen im Wald auf einen Wanderweg (540 m). Die Markierungen beachtend, tragen uns im weiteren Verlauf Forstwege durch den prachtvollen Mischwald mit alten Charakterbäumen.

An der Kreuzung nach dem Jägerstand bei einer einzelnen, markanten Kiefer hält man sich geradeaus. Bevor unsere Route in ein Sträßchen mündet, dirigiert uns die Bezeichnung rechts und am Ende der Lichtung abermals rechts auf einen teils undeutlichen Waldweg, der talwärts zur **Aachquelle** (475 m) führt.

Vom großen Quelltopf mit dem betagten Ahorn wandern wir zurück zum Ortsrand und nehmen den Wanderweg 1 über den Wiesenhang hinauf und an der Ruine Alter Turm vorbei zum Aussichtspunkt mit Unterstand. Richtung Bittelbrunn richten wir uns weiterhin nach den *blau-gelben Rauten* und erreichen auf Waldwegen die Anhöhe Eggen (565 m). Links in den Forstweg einbiegend und die spärlichen Markierungen nicht aus den Augen lassend, gelangen wir wieder ins **Wasserburger Tal** (505 m).

Wir spazieren ganz kurz rechts auf der Straße und nehmen bald nach der Rechtskurve links den Forstweg, den wir an der Gabelung auf dem Feldweg durch die Talsohle wieder verlassen. Man biegt rechts in das Sträßchen ein und wählt nach dem Weiher den Wirtschaftsweg durch das Wiesental zur Höhle im Petersfelsen. Zuletzt müssen wir ein paar Meter zurück und treffen auf dem Waldweg bergan wieder in **Bittelbrunn** ein.

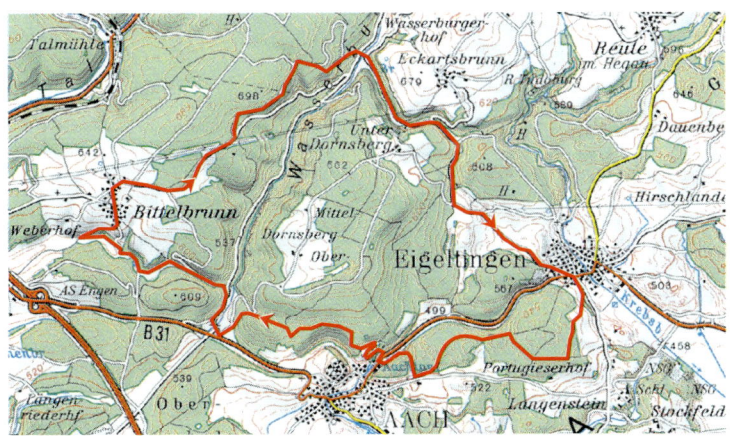

26 Eigeltingen – Lochmühle – Ruine Tudoburg

Romantische Talwanderung

Talort: Eigeltingen, im Ost-Hegau, zwischen Aach und Stockach. Information: Verkehrsamt, 78253 Eigeltingen, ☎ (07774) 93220.
Ausgangspunkt: Ortsmitte, 483 m.
Gehzeiten: Eigeltingen – Ruine Tudoburg 1¼ Std., Rückweg 1¼ Std., Gesamtgehzeit 2½ Std. (9 km).
Höhenunterschied: 130 m.
Anforderungen: Sträßchen und gut markierter Spazierweg, kurzer Anstieg.
Einkehr: Lochmühle.

Allein das außergewöhnliche Wirtshaus Lochmühle ist schon einen Ausflug wert. Besonders für die Kleinen gibt es soviel an Begeisterndem und Kuriosem zu bestaunen, daß es einer gewissen Überredungskunst bedarf, sie für den Weiterweg zu motivieren. Da drehen sich plätschernde Wasserräder, allerlei Getier hüpft durch die Gegend, unzählige alte Gerätschaften allerorten und nicht zuletzt lädt ein eigener Vergnügungspark zum Austoben, beispielsweise zu einem Oldtimer-Traktorrennen. Ein beispielhaftes Entdeckungsreich für Jung und Alt, für das man genügend Zeit mitbringen sollte.

Das Sträßchen zur **Lochmühle** ist ab dem Dorfbrunnen beschildert. Die anschließende Bummelei zur Ruine Tudoburg leitet uns an einem geologisch aufschlußreichen, alten Steinbruch vorbei, der durch Verschönerungsaktionen zu einem Ausflugsziel umgestaltet wurde. Der gepflegte Spazierweg, gleichzeitig Waldlehrpfad, entführt uns in das anmutige Wiesentälchen am Krebsbach entlang.

Die Bezeichnung »Heldlochhalde, Tudoburg« weist uns über einen Steg ans andere Ufer. Anschließend folgen wir der mit *gelb-blauer Raute* markierten Route durch erfrischenden Laubwald bergan zum großen Burgplatz der **Ruine Tudoburg** (610 m) mit Feuerstelle. Das Ruinengemäuer selbst gilt es am gegenüberliegenden Bergvorsprung zu entdecken.

Wer aus der Spritztour gerne eine Runde basteln möchte, kann dem markierten Wanderweg weiter nach Honstetten folgen. Von der dortigen Kirche führt ein Wanderweg nach Eckartsbrunn und südlich zur Straße zurück nach Eigeltingen.

Unterwegs zur Ruine Tudoburg kommt man an diesem alten Steinbruch vorbei, einem aufgeschlagenen Buch der Erdgeschichte.

27 Tuttlingen – Mühlstein – Ruine Konzenberg

Einsame Waldeshöhen zwischen Donau und Elta

Talort: Tuttlingen, Kreisstadt im Oberen Donautal. Sehenswert: Heimatmuseum, Städtische Galerie. Information: Verkehrsamt, 78532 Tuttlingen, ℂ (07462) 340, 6243.
Ausgangspunkt: Bahnhaltestelle, 645 m.
Gehzeiten: Tuttlingen – Mühlstein 1½ Std.,

Mühlstein – Ruine Konzenberg ¾ Std., Rückweg 2 Std.; Gesamtgehzeit 4¼ Std. (16 km).
Höhenunterschied: 220 m.
Anforderungen: Gut markierte Wander- und Forstwege sowie Wirtschaftswege, wenig anstrengender Aufstieg.

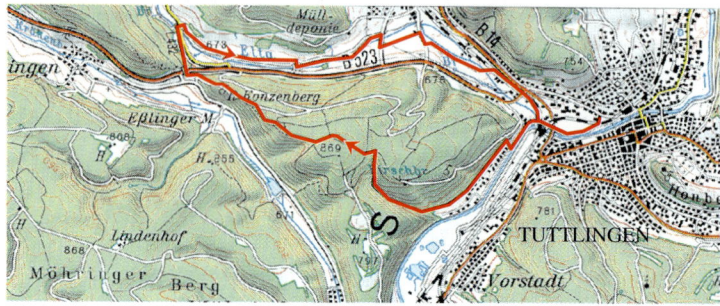

Westlich von Tuttlingen erhebt sich ein kleines Waldgebirge, das von drei Wasserläufen, der Donau, der Elta und dem Krähenbach, umschlossen wird. Außer der gut erhaltenen Ruine Konzenberg ruht seit langer Zeit hoch oben in dieser erholsamen Waldeinsamkeit ein geheimnisvoller Mühlstein. Bereits um 1600 findet man in der alten Flurkarte diese Bezeichnung. Über die Umstände, wie der Mühlstein hier heraufkam, ranken sich einige Sagen.
Los geht's am Sportplatz vorbei und auf dem Donauradweg Richtung Donaueschingen. Wir wandern über die Eltabrücke bis zum Ende des Freibad-Parkplatzes. Dort verlassen wir die Donau, queren die Straße und lassen uns vom Wanderwegweiser »Hirschbrünnele« den Weiterweg zeigen. Der mit *blauer Raute* markierte Forstweg leitet oberhalb der Häuser am Waldrand entlang. Durch Fichtenwald steigen wir ein Tälchen bergan und treffen, einen Forstweg kreuzend, beim Hirschbrünnele ein. Ein Wanderweg, mit *gelber Raute* gekennzeichnet, führt uns weiter bergwärts. Wir schwenken oberhalb in einen Forstweg ein und erreichen den **Mühlstein**.
Nun trägt uns ein mit *rotem Dreiblock* markierter, anfangs etwas verwachsener Waldweg über eine Kuppe (865 m) Richtung Konzenberg. Wo die Route in einen Forstweg mündet, lenken uns die Markierungen rechts. Man hat nun dem *roten Dreiblock* besondere Aufmerksamkeit zu schenken, schwenkt in ein Forststräßchen ein und wählt den kurzen Abstecher zur **Ruine Konzen-**

berg mit dem schönen Rastplatz. Anschließend folgt man dem Forststräßchen talwärts und hält sich nach der Bundesstraßen-Überführung rechts auf dem Wirtschaftsweg Richtung Seitingen.

Im Tal folgen wir erst dem Radweg Seitingen und wechseln kurz darauf über den Holzsteg das Eltaufer. Auf dem Rückweg brauchen wir nur stets dem Radweg Tuttlingen durch das Wiesental treu zu bleiben, bevor uns zuletzt der bekannte Kurs zum Bahnhof aufnimmt.

Zwischen Immendingen und Beuron ist Bootswandern gar keine Selbstverständlichkeit. Das durchlässige Karstgestein gräbt der Donau an mehreren Stellen das Wasser ab.

28 Emmingen – Wasserburger Tal

Bequeme Wald- und Wiesenrunde

Talort: Emmingen-Liptingen, auf sonniger Albhöhe, südlich von Tuttlingen. Information: Verkehrsamt, 78576 Emmingen, ✆ (07465) 2042.

Ausgangspunkt: Kirche, 772 m.

Gehzeiten: Emmingen – Wasserburger Tal 1¼ Std., Rückweg 3¼ Std., Gesamtgehzeit 4½ Std. (17 km).

Höhenunterschied: 210 m.

Anforderungen: Meist markierte Forst- und Wirtschaftswege, kaum befahrene Sträßchen, sanfte Anstiege.

Ein unbeschwertes und erholsames Wandervergnügen ohne spektakuläre Höhepunkte durch die harmonische Kulturlandschaft der südlichen Alb.

Wir spazieren die Hauptstraße talwärts und folgen der Engener Straße bergan. Der Wegweiser »Ziegelhütte« lenkt uns in die Obere Gasse. Nach den Pestkreuzen geht's an der Gabelung beim Rastplätzchen bergab Richtung Honstetten. Beim hübschen Feldkreuz wählen wir den Forstweg und verlassen bei der Einmündung des zweiten Wiesentals die Honstetter Route rechts. Wir schlendern gemütlich durchs **Wasserburger Tal** auswärts und wenden uns vom versteckten Rastplatz an einer Gabelung abermals rechts. Man biegt in die Straße (581 m) Richtung Tuttlingen ein und begibt sich bei der Bachbrücke auf den *blau-gelb markierten* Forstweg. Wo unsere Route nach einem längeren sanften Anstieg in eine breitere Forststraße einmündet, beachten wir die Beschilderung zur Schenkenberger Kapelle, lassen aber nach dem Schlatterhof die Kapelle rechts liegen (Abstecher mit gemütlicher Einkehr im Schenkenberghof möglich).

Wir wandern auf einem Wirtschaftssträßchen bergan durch Waldstreifen und über Felder, nehmen die Vorfahrtsstraße bergwärts und folgen dem Radweg an den Pestkreuzen vorbei, über eine Kuppe zurück nach **Emmingen**. Die Kreuze wurden im Dreißigjährigen Krieg als Abwehrsegen gegen die Pest aufgestellt. Gleich nebenan erklärt uns an einem Aussichtspunkt eine Tafel die zahlreichen Gipfel bis in die Gotthard-Gegend.

Die Pestkreuze bei Emmingen sollen angeblich auch den Wanderer vor dieser schrecklichen Seuche warnen.

29 Liptingen – Buhlmühle

Leichter Wanderkurs in der Südwestalb

Talort: Emmingen-Liptingen, auf sonniger Albhöhe, südöstlich von Tuttlingen gelegen. Information: Verkehrsamt, 78576 Liptingen, ℰ (07465) 512.

Ausgangspunkt: Kirche, 741 m.

Gehzeiten: Liptingen – Buhlmühle 1¾ Std., Rückweg 1¼ Std., Gesamtgehzeit 3 Std. (12 km).

Höhenunterschied: 90 m.

Anforderungen: Meist markierte Wander- und Forstwege, Wirtschaftssträßchen, keine nennenswerten Anstiege, kurzzeitig Orientierungsvermögen erforderlich.

Eine überwiegend klare Routenführung, die es dem Wanderer ermöglicht, in der Einsamkeit der Wälder mal so richtig die Seele baumeln zu lassen, ohne groß durch Wegweiser abgelenkt zu werden.

Nach der Apotheke leitet uns die Heudorfer Straße über die Wiesen hinaus. Der Liptinger Weg trägt uns durch einen Nadelwald. Kurz vor dem Waldende nehmen wir rechts den mit *blauem Dreiblock* markierten sogenannten Kiesweg. Nach der Straßenquerung wandern wir ein Stück bergab und folgen stets dem Wegweiser »Buhlmühle«.

Wo der undeutliche Waldweg abzweigt, achten wir genau auf die Markierungen. Diese weisen an einer unvermuteten Stelle rechts talwärts auf eine verwachsene Pfadspur. Bald darauf stoßen wir wieder auf einen erkennbaren Weg. Doch noch nicht genug der Pfadfinderei: Auf der weglosen Lichtung halten wir kurz die Richtung und spazieren auf dem Sträßchen (655 m) bergauf, an der Kapelle vorbei, zur abgeschieden gelegenen **Buhlmühle**.

Anschließend führt uns die Markierung Richtung Emmingen an einem einzelnen Anwesen vorbei und auf einem Forststräßchen durch Mischwald. Man beachtet stets den *blauen Dreiblock* und kommt zu einem Grillplatz mit Unterstandshütte auf dem Harzofenbühl. Nach einer gemütlichen Pause trägt uns das flach verlaufende Forststräßchen am Sportplatz vorbei zurück nach **Liptingen**.

Fachwerkfassade im Hegau.

30 Fridingen – Aussichtsturm Gansnest, 800 m – Kolbinger Höhle

Berühmte Tropfsteinhöhle und Blick bis zu den Schweizer Alpen

Talort: Fridingen a. d. Donau, liebenswertes Städtchen und Erholungsort im Oberen

Donautal. Sehenswert: Alter Stadtkern mit beachtenswerten Fachwerk-Häusern, Freilichtbühne Steintäle mit Theatervorführungen, Heimatmuseum. Information: Gemeindeverwaltungsverband Donau-Heuberg, 78567 Fridingen, ✆ (07463) 837-0.

Ausgangspunkt: Kirche, 626 m.

Gehzeiten: Fridingen – Gansnest-Aussichtsturm 1¼ Std., Gansnest-Aussichtsturm – Kolbinger Höhle ¾ Std., Rückweg 1 Std., Gesamtgehzeit 3 Std. (11 km).

Höhenunterschied: 210 m.

Anforderungen: Meist markierte Forstwege und Wanderpfade, Donau-Radwanderweg, wenig anstrengender Aufstieg.

Einkehr: Bei der Kolbinger Höhle.

Der vorgeschobene, 17 m hohe Aussichtsturm am ehemaligen Speicher auf dem Gansnest-Höhenzug diente früher als Schieberhaus der Hochspeicheranlage des Donaukraftwerks Fridingen. In der Kolbinger Höhle, auch Stephanshöhle genannt, erwarten den neugierigen Besucher insgesamt fünf Hallen, die mit herrlichen Kalksinter-Versteinerungen und schönen Tropfsteinbildungen überraschen.

An der Kreissparkasse und dem sehenswerten Bürgerhaus Scharfeck vorbei spazieren wir in die Bahnhofstraße. Vom Bahnhof folgen wir dem mit *gelbem Dreiblock* markierten, anfangs asphaltierten Radweg ins Bäratal. Wo dieser Weg rechts abschwenkt, begeben wir uns links auf einen bergwärts leitenden Waldweg und schwenken rechts in das obere Forststräßchen ein. An der Wegverzweigung hält man sich geradeaus und erreicht ohne Schweißvergießen den waldigen Gansnest-Höhenzug. Der querlaufende Forstweg trägt uns links zum **Aussichtsturm Gansnest** (800 m).

Auf dem Rückweg folgen wir geradeaus dem Hauptweg Richtung Kolbingen. Wo links die alte Steige einmündet, wandern wir auf dem Waldweg hinüber zur **Kolbinger Höhle**. Von der Kolbinger Felsenhütte gleich nebenan gewinnt man schöne Tiefblicke aufs Donautal. Als Abstieg wählen wir, ein kurzes Stück zurückspazierend, den steilen, mit *gelbem Dreieck* markierten Wanderpfad Richtung Fridingen. Unterhalb trägt uns der Radwanderweg donauabwärts am Heiligenbrünnele vorbei, wo eine frische Quelle aus einem Felsspalt hervorsprudelt, und unter der alten Eisenbahnbrücke hindurch zurück ins Städtchen.

Auf dem Rückweg von der Kolbinger Höhle begleitet uns die Donau.

31 Fridingen – Stiegelesfels, 778 m – Sperbersloch – Knopfmacherfels, 765 m

Über bizarren Felsenriffen

Talort: Fridingen a. d. Donau, liebenswertes Städtchen und Erholungsort im Oberen Donautal. Sehenswert: Alter Stadtkern mit

beachtenswerten Fachwerk-Häusern, Freilichtbühne Steintäle mit Theatervorführungen, Heimatmuseum. Information: Gemeindeverwaltungsverband Donau-Heuberg, 78567 Fridingen, ✆ (07463) 837-0.
Ausgangspunkt: Kirche, 626 m.
Gehzeiten: Fridingen – Stiegelesfels 1 Std., Stiegelesfels – Sperbersloch ½ Std., Sperbersloch – Knopfmacherfels ¾ Std. Rückweg ½ Std., Gesamtgehzeit 2¾ Std. (9 km).
Höhenunterschied: 310 m.
Anforderungen: Teilweise spärlich markierte Wanderpfade und Waldwege, etwas Orientierungssinn erforderlich, kurze Anstiege.
Einkehr: Berghaus Knopfmacher.

Eine Entdeckungstour gespickt mit Höhepunkten. Die jäh ins weithin bekannte, schluchtartige Durchbruchstal der Donau abstürzenden Aussichtsfelsen fesseln mit kitzligen Tiefblicken auf die engen Flußschleifen.
Wir spazieren an der Kreissparkasse vorbei und orientieren uns nach dem ehrwürdigen Bürgerhaus Scharfeck am Wanderwegweiser »Beuron«. Die *gelben Dreiecke* leiten uns an alten Häusern entlang bergwärts. Am Ortsende folgen wir dem Wanderpfad Richtung Beuron, an der Kapelle vorbei zu einem Aussichtspunkt mit Kreuz. Auf der anschließenden Wiesenspur genießt man schöne Ausblicke zu kühn über einem Felsengarten gelegenen Ruine Kallenberg. Nach der Wiese nimmt uns kurz talwärts wieder ein Wanderpfad auf. Der *rote Dreiblock* weist uns links auf einen Feldweg. An einer Rastbank mit Donau-Tiefblick vorbei begnügen wir uns wieder mit einer Pfadspur und schleichen oberhalb der Skihütte auf dem Wanderweg in den Mischwald hinein. Die Donau schleppt sich in diesem Bereich, bedingt durch die Versickerungsstellen, nur als müdes Rinnsal um die beeindruckenden Felsburgen.
Vom Aussichtspunkt **Laibfelsen** (720 m) folgt ein schattiger Aufstieg zur Kapelle zum Andenken an die ehrwürdige »Freifrau Anna von Höwen«, Fridingens größter Wohltäterin. Ein kurzer Abstieg, und der Aussichtspunkt **Stiegelesfels** (778 m) eröffnet uns abermals traumhafte Tiefblicke. Weiter geht's, anfangs auf einer Wiesenspur, später wieder auf einem Wanderweg, Richtung Knopfmacherfels. Bald zeigen die Markierungen auf ein Fortssträßchen, von dem kurz darauf ein schmälerer Waldweg abzweigt. Er führt über

Beeindruckende Felsburgen wie der markante Stiegelesfels bewachen das gewalti-
ge Durchbruchstal der Donau.

einen Bergsporn – jenseits das hoch thronende Schloß Bronnen – hinunter
zum **Sperbersloch**, einer Höhle mit großem Portal und tiefem, geräumigem
Gang.
Wir steigen vollends hinunter zur Flußbiegung (610 m) inmitten einer atem-
beraubenden Felsszenerie (Abstecher über die Donau zum Wirtshaus Jägerhaus möglich). Entlang dem munteren Bächlein leitet uns ein Forstweg
hinein in das Seitental. Der mit *rotem Dreiblock* markierte Wanderweg kürzt
am Quellseelein vorbei, genannt Goldgrube, eine weite Wegschleife ab.
Beim Berghaus **Knopfmacher** (765 m) überrascht uns nochmals ein faszi-
nierender Talblick bis hinunter nach Beuron. Wir queren die Straße und
folgen dem Forstweg bergab zurück nach **Fridingen**.

32 Beuron – Jägerhaus – Ziegelhütte – Bergsteig

Traumspaziergang durchs Obere Donautal

Talort: Beuron, Erholungsort im Oberen Donautal, zwischen Fridingen und Sigmaringen. Sehenswert: Kloster Beuron (handwerkliche und künstlerische Betriebe, Kunstverlag, Klosterbibliothek, biblisch-historisches Museum), Kapelle St. Maurus. Information: Verkehrsamt, 88631 Beuron, ✆ (07466) 214.
Ausgangspunkt: Kloster, 627 m.
Gehzeiten: Beuron – Jägerhaus 1 Std., Jägerhaus – Ziegelhütte 1 Std., Ziegelhütte – Bergsteig ½ Std., Rückweg 2½ Std., Gesamtgehzeit 5 Std. (21 km).
Höhenunterschied: 70 m.
Anforderungen: Hervorragend markierter Donau-Radwanderweg und kaum befahrenes Sträßchen, kein nennenswerter Anstieg.
Einkehr: Wirtshaus Jägerhaus und in Bergsteig.

Der Radwanderweg durch das gewaltige, tief in die Albtafel eingesägte Durchbruchstal der Donau begeistert nicht nur die rollenden Besucher. Auch bei Wanderern ist dieser Erlebniskurs inmitten der fast schon alpin anmutenden Felsengärten überaus beliebt. Es lohnt sich, den unbeschwerten Weg bei wechselndem Licht in beiden Richtungen zu begehen.

Die Abteistraße hinaufspazieren lenkt uns nach der Bahnbrücke der Wanderwegweiser »Fridingen« auf den mit *rotem Dreieck* markierten Radwanderweg. Immer am kurzweiligen Ufer entlang, vorbei am Wirtshaus **Jägerhaus** und der ehemaligen, durch einen Erdrutsch verschütteten Bronner Mühle, führt uns der nur anfangs geteerte Fahrweg unter scharfen Felszacken und teils überhängenden Wandbäuchen hindurch zum Anwesen **Ziegelhütte**. Kurz vor dem Flußknick am Stiegelesfels bietet sich der abenteuerliche Abstecher ins märchenhafte Buttental mit der geheimnisvollen Teufelsküche an, wo mehrere Höhlen auf eine Entdeckung warten.

Nach dem Anwesen Ziegelhütte – jenseits baut sich die wilde Kulisse des Laibfelsens auf – verlassen wir den Radwanderweg und bleiben der gewohnten Uferseite treu. Oberhalb der Donau-Versickerungsstellen, die hier einen großen Anteil des Flußwassers abzapfen und unterirdisch dem Rhein zuleiten, spazieren wir auf dem abschnittsweise asphaltierten Sträßchen hinauf zum Landhaus Donautal in **Bergsteig** (680 m) mit Tiefblick über die weite Flußschleife zum Städtchen Fridingen.

Bergsteig ist das Ziel der unvergeßlichen Wanderung durch den Naturpark Obere Donau.

33 Beuron – Schloß Bronnen – Jägerhaushöhle

Spannender Höhlenausflug

Talort: Beuron, Erholungsort im Oberen Donautal, zwischen Fridingen und Sigma-

ringen. Sehenswert: Kloster Beuron (handwerkliche und künstlerische Betriebe, Kunstverlag, Klosterbibliothek, biblisch-historisches Museum), Kapelle St. Maurus. Information: Verkehrsamt, 88631 Beuron, ℂ (07466) 214.
Ausgangspunkt: Kloster, 627 m.
Gehzeiten: Beuron – Schloß Bronnen 1½ Std., Rückweg 1 Std., Gesamtgehzeit 2½ Std. (9 km).
Höhenunterschied: 230 m.
Anforderungen: Gut markierte Wanderpfade, Forst- und Feldwege, kurzzeitig Wirtschaftssträßchen, kleiner Steilanstieg.

In der Jägerhaushöhle beim Schloß Bronnen kam bei Ausgrabungen die in Mitteleuropa umfassendste Kulturabfolge der Mittelsteinzeit zum Vorschein. Unterwegs dorthin wandert man an der mächtigen Felsenflucht unter dem Schloß mit drei weiteren Höhleneingängen vorbei, von denen einer allerdings nur von geübten Kletterern über einen abdrängenden Felsenwulst erreicht werden kann.
Der Abteistraße bergwärts folgend begeben wir uns nach der Bahnbrücke auf den mit *rotem Dreieck* markierten Kreuzweg durch den Mischwald Richtung Wildenstein. Bald zweigt vom Hauptweg eine reizvolle, mit *rotem Dreiblock* bezeichnete Wanderroute ab, die über den Alpenblick ebenfalls nach Wildenstein führt. Sie schleicht erst unter ein paar Wänden hindurch und windet sich anschließend als alter, angelegter Weg durch eine begeisternde Felswildnis in Kehren über einen Bergsporn empor. Wir steigen am Aussichtspunkt Alpenblick mit der kleinen Antennenanlage vorbei und stoßen bald auf das Ende eines Forstweges. Dieser knickt am Standplatz des ehemaligen Steighofs (810 m) ab und wechselt bei der Straßenkurve in einen schmäleren Wanderweg.
Nach der Straßenquerung nehmen wir den Forstweg bergab Richtung Schloß Bronnen, queren abermals eine Straße und folgen der Privatzufahrt zum abgeschieden gelegenen Hofgut Bronnen. Der Richtung Ruine Kallenberg ausgeschilderte Forstweg führt uns zum **Schloß Bronnen** (788 m) hinauf. Unter dem wuchtigen Kalkfelsen befindet sich eine kleine Höhle. Das Schloß selbst ist leider nicht zugänglich.
Die *rote Raute* Richtung Jägerhaus weist uns auf einen Wanderpfad, der talwärts unter der riesigen Felswand mit den drei Höhlen entlangführt. Eine davon empfängt den Eindringling unter dem überdimensionalen Portal mit

einem beruhigend klingenden Tropfkonzert. Nach einem kurzen Steilabstieg wandern wir bei der **Jägerhaushöhle** an dem erfrischenden Quellwasser entlang bergan und zwängen uns durch die Felsenenge. Zurück nach Beuron trägt uns ein Feldweg über die Weiden und durch das wildromantische Liebfrauental mit der Lourdesgrotte und einer ausgeschmückten Kapelle. Zuletzt halten wir uns an der Gabelung links bergab zur Donau und spazieren auf dem Radweg zum Kloster.

Der wildromantische Aufstieg von Beuron zum Alpenblick.

34 Hausen – Bischofsfelsen – Hohler Felsen – Bandfelsen, 805 m – Burg Wildenstein

Aussichtspunkte, Schlösser und Burgen

Talort: Hausen, Ortsteil von Beuron, im Donautal, zwischen Fridingen und Sigmaringen. Information: Verkehrsamt, 88631 Beuron, ℂ (07466) 214.
Ausgangspunkt: Kirche, 598 m.
Gehzeiten: Hausen – Bischofsfelsen ³/₄ Std., Bischofsfelsen – Hohler Felsen ¹/₂ Std., Hohler Felsen – Bandfelsen ³/₄ Std., Bandfelsen – Burg Wildenstein ³/₄ Std., Rückweg 1¹/₂ Std., Gesamtgehzeit 4¹/₄ Std. (15 km).
Höhenunterschied: 350 m.
Anforderungen: Gut markierte Wanderpfade und Forstwege, Donau-Radwanderweg, wenig anstrengende Aufstiege.
Einkehr: Burg Wildenstein.

Die Donau-Tiefblicke von den exponierten Aussichtsfelsen sorgen immer wieder für einen gewissen Nervenkitzel. Schlösser, Burgen und Ruinen kleben wie Adlerhorste hoch thronend über dem langen Fluß. Eine einprägsame Unternehmung, die zu weiteren Donautal-Wanderungen verleitet.
Wir starten auf der Straße nach Tuttlingen, queren am Ortsende Richtung Meßkirch Bahn und Donau und nehmen vom Parkplatz kurz den Donautal-Radwanderweg. Auf einem betonierten Wirtschaftssträßchen halten wir auf den Berghang zu und folgen dem mit *roter Raute* markierten Wanderpfad in kraftsparenden Serpentinen durch den Mischwald hinauf zum **Bischofsfelsen** (790 m). Über dem Flußtal thront in atemberaubender Lage das Schloß Werenwag. Ein Wanderweg und später ein breiterer, mit *rotem Dreiblock* bezeichneter Forstweg tragen uns weiter Richtung Wildenstein. Wir folgen talwärts stets den Markierungen und wandern jenseits wieder bergan zum Aussichtspunkt **Hohler Felsen** (770 m) mit Steinkreuz.
Bald darauf schleicht die Route nach Wildenstein auf einem dunklen Wanderweg durch eine Jungwaldschneise, quert einen Forstweg und mündet kurz darauf in einen weiteren. Nach einem kurzen Stück talwärts schwenkt man auf einen Wanderpfad ab. Dieser leitet zum Aussichtspunkt **Bandfelsen** (805 m) mit Talblick zum Umlaufberg, der die Kapelle St. Maurus trägt. Kurz zurückspazierend führt uns ein Wanderweg weiter durch Mischwald und ein steiniger Pfad talwärts zu einer Einsattelung (750 m). Nun ist's nur noch ein Katzensprung hinauf zur **Burg Wildenstein** (810 m) mit der willkommenen Burgschenke.

Der Wegweiser »Tobelweg-Donausteg« weist uns auf einen mit *rotem Dreieck* markierten, anfangs steilen Pfad, der teils über Stufen in Kehren zu einem wilden Felsengarten mit Aushöhlungen leitet. Dort nimmt uns ein zunehmend breiterer Waldweg auf und führt uns vollends ins Tal. Auf dem Donautal-Radwanderweg läßt man die erlebnisreiche Runde zurück nach **Hausen** gemütlich ausklingen.

Die Burg Wildenstein, gemütliche Einkehr in anregender Lage.

35 Thiergarten – Lenzenfelsen, 800 m – Neumühle

Zu den größten Wänden des Donautals

Talort: Thiergarten, Ortsteil von Beuron, im Oberen Donautal, zwischen Fridingen und Sigmaringen. Sehenswert: St. Georgs-Ka-

pelle (kleinste Basilika der Welt). Information: Verkehrsamt, 88631 Beuron, ☎ (07466) 214.

Ausgangspunkt: Telefonzelle, 590 m.
Gehzeiten: Thiergarten – Lenzenfelsen 1¾ Std., Lenzenfelsen – Neumühle 1¼ Std., Rückweg ¾ Std., Gesamtgehzeit 3¾ Std. (14 km).
Höhenunterschied: 210 m.
Anforderungen: Meist gut markierte Wander- und Forstwege, Donau-Radwanderweg, leichter Aufstieg.
Einkehr: Wirtshaus Neumühle.

Der kecke Lenzenfelsen ist zweifellos einer der schönsten Aussichtspunkte der gesamten Schwäbischen Alb. Nahezu 150 m bäumen sich die Schaufelsen jenseits der Donau auf. Buntes Treiben im Tal: Wanderer und Radfahrer, Bootswanderer und Kletterer, Schaulustige und Sonnenanbeter. Wogende Albwellen bis zum Horizont. Unvergeßliche Augenblicke über der gähnenden Tiefe.

Der Lenzenfelsen an der Donau bei Neidingen.

Blick vom Lenzenfelsen aufs Obere Donautal bei Thiergarten.

Richtung Beuron wandern wir kurz hinunter über die Donaubrücke und folgen rechts dem Radwanderweg, teilweise unter überhängenden Felsen hindurch, am abwechslungsreichen Fluß entlang. 200 m nach der Einmündung des Raintals verlassen wir die Radroute auf dem Forstweg, der die Steilflanke des Donaudurchbruchs in einer riesigen, kraftsparenden Schleife überwindet. Ab der letzten Kehre (geradeaus zwei Abzweigungen) steigt der nun mit *rotem Dreiblock* markierte Weg nur noch sanft bergan. Auf der Waldkuppe zweigt nach einer Linkskurve ein Fußpfad mit einem Abstecher zum **Lenzenfelsen** (800 m) ab.

Nach der anregenden Rast spaziert man kurz zurück zur Pfadgabelung und hält sich rechts dem *roten Dreiblock* nach, bis in einem verschwiegenen Seitentälchen die *rote Raute* auf einen breiten Wanderweg hinunter ins Donautal weist. Der Radwanderweg trägt uns flußabwärts zum Wirtshaus **Neumühle** und auf bereits bekanntem Kurs zurück nach **Thiergarten**.

36 Stetten – Klarahöhle – Nusplingen

Stille Waldtäler im Süden der Alb

Talort: Stetten am kalten Markt, auf sonniger Albhöhe, nordwestlich von Sigmaringen. Information: Bürgermeisteramt, 72510 Stetten, ✆ (07573) 5010.
Ausgangspunkt: Kirche, 802 m.
Gehzeiten: Stetten – Klarahöhle 1 Std., Klarahöhle – Nusplingen 1¾ Std., Rückweg ½ Std.; Gesamtgehzeit 3¼ Std. (13 km).
Höhenunterschied: 210 m.
Anforderungen: Unmarkierte Forstwege, kurzzeitig Wirtschaftssträßchen, Rückweg auf Fußgängerweg, sanfte Anstiege.

Eine einsame und erholsame Täler-
wanderung. In der wildromanti-
schen, versteckten Ecke der Hohlen
Felsen hält die Klarahöhle ihren Dornröschenschlaf, eine fast 30 m lange
Spaltenhöhle mit leicht steigendem Gang. Ganz in der Nähe dieser friedli-
chen Waldtäler beansprucht das Militär eine Riesenfläche, um den Ernstfall
zu üben. Von Stetten bis hinauf zum Albtrauf bei Albstadt und von einer Linie
Meßstetten – Heinstetten im Westen fast bis zum Schmeietal im Osten dehnt
sich der Truppenübungsplatz Heuberg aus. Eine der schönsten Kuppenalb-
Landschaften mit über 900 m hohen Erhebungen bleibt dem Albwanderer
somit verschlossen.

Oberhalb der Kirche nehmen wir die Schwenninger Straße und beachten
den Wegweiser »Steighöfe«. Nach der Kläranlage folgen wir dem Forstweg
durchs Kohltal bergab zur **Klarahöhle** (653 m). Direkt unter der Höhle teilt
sich der Weg in drei Arme. Wir verlassen das Tal links und zweigen nach
500 m spitzwinklig bergwärts ab. An der Gabelung nach 800 m wenden wir
uns rechts und erreichen nach einem geringen Gegenanstieg die Straße
Stetten – Thiergarten.

Man folgt der steigenden Straße kurz, nimmt in der Kurve rechts den Forstweg zum Waldparkplatz und wandert an der Gabelung rechts bergwärts.
Nach einem kleinen Höhenverlust schleichen wir links hinein ins Weiler Tal,
das uns hinauf nach **Nusplingen** leitet. Der Fußgängerweg trägt uns von dort
zurück nach **Stetten**.

Stolze Fachwerkfront in der Ortsmitte von Stetten am kalten Markt.

37 Sigmaringen – Inzigkofen – Ruine Gebrochen Gutenstein, 670 m

Entlang der Donau zu rassiger Felsennase

Talort: Sigmaringen, Kreisstadt im Oberen Donautal. Sehenswert: Schloß (u. a. größte Waffensammlung Europas, Kunstsammlung, Marstallmuseum), Stadtbefestigung mit Heimatmuseum, ehemaliges Franziskanerkloster, achteckige Josephskapelle, Wanderpark Josefslust mit Wild- und Vogelgehege, Prinzengarten. Information: Verkehrsamt, 72488 Sigmaringen, ℭ (07571) 106-223.
Ausgangspunkt: Bahnhof, 570 m.
Gehzeiten: Sigmaringen – Inzigkofen 1¼ Std., Inzigkofen – Gebrochen Gutenstein ¾ Std., Rückweg 1½ Std., Gesamtgehzeit 3½ Std. (14 km).
Höhenunterschied: 140 m.

Anforderungen: Gut markierte Forstwege und Wanderpfade, Donautal-Radwanderweg, kurzer Anstieg.
Einkehr: In Laiz und Inzigkofen.

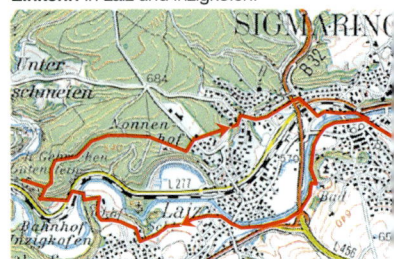

Wie ein warnender Finger ragt die Felsennase mit der Ruine Gebrochen Gutenstein aus dem üppigen Mischwaldmeer über der Donau. Wie haben die ehemaligen Burgherren von Neu-, Nieder- oder Untergutenstein, wie das Bauwerk früher auch bezeichnet wurde, nur ihre Wohnstätte erreichen können? Am Fuß des Felsens mit dem herrlichen Talblick gibt es auch noch die Gebrochen-Gutenstein-Höhle.

Die Bahnhofstraße trägt uns in Richtung Schloß. Nach der Straßenquerung weist uns die Beschilderung »Zollern-Wanderweg« an den Geleisen entlang. Vor der Bahnbrücke über die Donau wandern wir hinunter zum Fluß und auf dem stets bezeichneten Radwanderweg flußaufwärts Richtung Beuron. Er leitet uns am Campingplatz und Freibad vorbei, ab Laiz (572 m) asphaltiert, nach **Inzigkofen** (615 m).

Am ehemaligen Kloster geht's rechts, gerade durch einen Mauerdurchgang und auf der Kastanienalle hinunter zur Donaubrücke. Nach dem Bahnübergang schwenken wir links in die Donautalstraße ein und nehmen gleich wieder rechts den Wanderpfad, der weiter oben in ein Forststräßchen mündet. An der Gabelung links dem flachen Waldweg folgend, erreichen wir zuletzt auf einem kurzen Fußpfad die **Ruine Gebrochen Gutenstein** (670 m).

Wir spazieren den Waldweg zurück zur Gabelung und halten uns stets geradeaus, am Wegkreuz beim Erratischen Block vorbei. Das Gletschereis hat diesen Gneisfelsen einst aus der Silvretta hierher gewuchtet. Nach dem Bundeswehrgelände biegen wir links in das Sträßchen ein, queren die Vorfahrtsstraße und folgen dem mit *rotem Dreiblock* markierten Wanderpfad durch den Wald bergab, zurück nach **Sigmaringen**. Der einfachste Weg zum Bahnhof: Sträßchen rechts talwärts, breite Straße rechts, Gorheimer Straße, Straßenunterführung, an Brauerei Zoller Hof rechts abermals durch Unterführung, Straßenquerung, am Weiher zum Donauufer, flußabwärts und am Panthelstein über bekannte Bahnbrücke.

An einem kecken Felsobelisk klebt die Miniatur-Ruine Gebrochen Gutenstein.

38 Sigmaringen – Fürstenhöhe, 794 m – Nägelesfels, 670 m

Zügige Rundtour im Sigmaringer Stadtwald

Talort: Sigmaringen, Kreisstadt im Oberen Donautal. Sehenswert: Schloß (u. a. größte Waffensammlung Europas, Kunstsammlung, Marstallmuseum), Stadtbefestigung mit Heimatmuseum, ehemaliges Franziskanerkloster, achteckige Josephskapelle, Wanderpark Josefslust mit Wild- und Vogelgehege, Prinzengarten. Information: Verkehrsamt, 72488 Sigmaringen, ✆ (07571) 106-223.
Ausgangspunkt: Bahnhof, 570 m.

Gehzeiten: Sigmaringen – Fürstenhöhe 2½ Std., Fürstenhöhe – Nägelesfels 2¾ Std., Rückweg ¾ Std., Gesamtgehzeit 6 Std. (22 km).
Höhenunterschied: 300 m.
Anforderungen: Teilweise markierte Forst- und Wanderwege, kurze Abschnitte auf kaum befahrenen Sträßchen, etwas Orientierungssinn angenehm, sanfte Anstiege.
Einkehr: Zwei Wirtshäuser nach dem Aufstieg aus dem Laucherttal.

Leichtfüßiges Wandervergnügen im Naherholungsgebiet der Stadt Sigmaringen. An klaren Tagen reicht der Blick von der Fürstenhöhe bis zu den Alpen. Die Bahnhofstraße trägt uns Richtung Schloß. Nach der Straßenquerung weist uns die Beschilderung »Zollern-Wanderweg« an den Geleisen entlang. Auf der Bahnbrücke queren wir die Donau und begeben uns am Panthelstein auf den Ufer-Spazierweg. Man müht sich durch die Straßenunterführung für Liliputaner und wendet sich hinter dem Weiher am Bootshaus hinaus zur Straße. Nach deren Querung folgt man dem Radweg Richtung Veringenstadt, gleichzeitig als Zollernweg bezeichnet, spaziert durch eine weitere

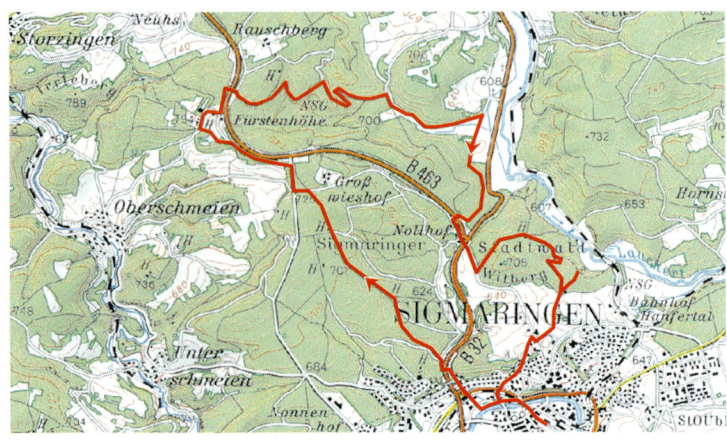

Nachwuchs bei Schäfers: Immer wieder eine willkommene Tourenunterbrechung.

Straßenunterführung und auf dem Gehsteig an der Brauerei Zoller-Hof vorbei. Kurz nach dem Ortsschild müssen wir nochmals durch eine Straßenunterführung, bevor uns der Forstweg Richtung Antoniustäle aufnimmt.
Gleich nach dem Felsentor zweigen wir auf den mit *rotem Dreiblock* markierten Wanderpfad ab, kreuzen einen Waldweg und schwenken bald darauf in einen Forstweg ein. Unsere Route führt uns nun gemütlich durch den Sigmaringer Stadtwald. Wir biegen links in eine Straße ein und folgen dem *roten Dreiblock* zur **Fürstenhöhe** (794 m).
Von der Skihütte nehmen wir weiter die Straße, queren auf der Brücke die B 463 und wandern rechts auf dem Forstweg talwärts. An der Weggabel nach 0,5 km geht's rechts und an der folgenden Gabelung links. 200 m nach der Einmündung des Pfisterwegs halten wir uns rechts. Links in der Talsohle verläuft der untere Teil unseres Weges, den wir über eine Kehre erreichen. Wir schwenken rechts in das Teersträßchen ein und begeben uns im Laucherttal (610 m), vor der Einmündung in die B 32, rechts auf den mit *gelbem Dreiblock* markierten Zollernweg. Wir wandern bergwärts und bleiben nach der Straßenunterführung auf dem Zollernweg. Nach zwei Gasthäusern quert man die B 32 und orientiert sich am Schild »Jugendherberge«. Beim Kreuz biegen wir in den Forstweg ein, wandern über eine Serpentine hinauf, an einer Gabelung links zum Pavillon und abermals links auf einem Waldweg zum **Nägelesfels** (670 m) mit schönem Tiefblick aufs Laucherttal und zum Rappenfelsen. Vom Pavillon hält man sich auf der Straße vor dem Krankenhaus rechts und an der übernächsten Abzweigung links bergab ins Donautal, wo wir in den bekannten Kurs zurück zum Bahnhof einschwenken.

39 Bingen – Bittelschießer Höhle – Ruine Hornstein

Abwechslungsreicher Spaziergang im unteren Laucherttal

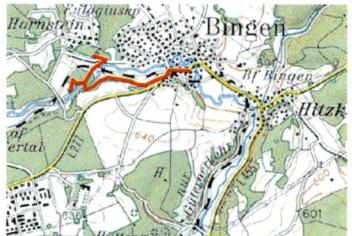

Talort: Bingen, im Laucherttal, nordöstlich von Sigmaringen. Information: Verkehrsamt, 72488 Sigmaringen, ✆ (07571) 106-223.

Ausgangspunkt: Bushaltestelle am Rathaus, 601 m.

Gehzeiten: Bingen – Ruine Hornstein 1 Std., Rückweg ¾ Std., Gesamtgehzeit 1¾ Std. (6 km).

Höhenunterschied: 50 m.

Anforderungen: Gut markierte Wanderwege, ganz kurze, steile Anstiege.

Eng gedrängt überraschen die Sehenswürdigkeiten und landschaftlichen Reize den Wanderer auf diesem kleinen Ausflug durch das wildromantische, ehemals von der Donau durchflossene Bittelschießer Täle. Im Großen Rundturm der Ruine Hornstein, früher Geschützturm, befindet sich heute die sanierte Kapelle. Der Freiherr Adam Bernhard von Hornstein-Göffingen baute das im altfränkischen Stil gehaltene Alte Schloß im ausgehenden 17. Jahrhundert vierstöckig neu auf. Später diente es unter anderem als Zuchthaus. Nach dem letzten Krieg brachte der Binger Theaterverein wieder Leben in den verwilderten Burgplatz der »Freilichtbühne Hornstein«. Dem unermüdlichen Einsatz des »Fördervereins Ruine Hornstein e.V.« ist es zu verdanken, daß der geschichtsträchtige Ort nicht restlos zerfiel.

Gleich nach dem Bahnübergang verlassen wir die Straße Richtung Sigmaringen, die Bezeichnung »Bittelschießer Täle« beachtend, und folgen der mit *rotem Dreieck* markierten, zwischen Wald und Bahnlinie verlaufenden Wiesenspur. Bald verengt sich das Wiesental. Der Wanderpfad zwängt sich zwischen Felsen mit mehreren kleinen Höhlen und der Lauchert hindurch und überwindet auf einer alten Holzbrücke den Flußlauf. Nun trägt uns ein Wanderweg flußaufwärts zum goßen Portal der **Bittelschießer Höhle** mit ihrem natürlichen Rauchabzug im Gewölbedach.

Oberhalb der Höhle steht die »Bittelschießer Kape«. Dieser ursprüngliche Rundturm der gleichnamigen, früh verfallenen Burg, auch Neues Schloß genannt, ist heute Wallfahrtskapelle. Außer einem Burgwall sind kaum mehr Reste der ehemaligen Befestigungsanlage zu erkennen. Zurück an der Brücke, leitet uns der mit *gelber Raute* markierte, steinige Wanderweg kurz bergan Richtung Hornstein. Nach einem Tiefblick zur Engstelle im Fluß steigen wir die Treppen hinunter und folgen der Wiesenspur unter der Bahn hindurch. Man biegt rechts in die Straße ein und nimmt den steilen Fahrweg zur **Ruine Hornstein**.

Im Laucherttal bei Bingen.

40 Hundersingen – Baumburg – Heuneburg – Hohmichele

Ein keltischer Fürstensitz und riesige Grabhügel

Talort: Hundersingen, über dem Donautal, zwischen Mengen und Riedlingen. Sehenswert: Heuneburgmuseum. Information: Bürgermeisteramt, 88518 Herbertingen, ✆ (07586) 1395.

Ausgangspunkt: Bushaltestelle am Rathaus, 593 m.

Gehzeiten: Hundersingen – Heuneburg ¾ Std., Heuneburg – Hohmichele 1 Std., Rückweg ¾ Std., Gesamtgehzeit 2½ Std. (10 km).

Höhenunterschied: 60 m.

Anforderungen: Gut markierte Forst- und Wirtschaftswege, wenig befahrene Sträßchen, keine nennenswerten Anstiege.

Die Befestigungsanlage Heuneburg in vorgerückter Lage über dem Donautal stammt aus der Mittleren Bronzezeit und war einst ein bedeutender keltischer Fürstensitz und wichtiger Handelsplatz. Die Fürstengrabhügel im Talhau wurden leider teilweise aus Unverständnis eingeebnet oder abgetragen. Bei Ausgrabungen kamen, ähnlich wie beim Hohmichele-Grabmal mit einer Höhe von 13,5 m und einem Durchmesser von 78 m, wertvolle Beigaben zum Vorschein.

Die Binzwanger- und die Baumburgstraße leiten uns dorfauswärts. Unsere mit *blauer Raute* markierte Route führt im weiteren Verlauf als Feldweg zur **Baumburg** mit Kreuz. Die Burg wurde wahrscheinlich von den Herren von Buwenburg, deren Hauptsitz in Hundersingen war, errichtet. Sie waren Vasallen der Grafen von Veringen. Die Wiesenspur Richtung Heuneburg leitet uns hinaus zur Straße, wo uns ein Wirtschaftsweg durch die Wiesenmulde zu einem bäuerlichen Anwesen trägt. Man folgt auf einem Natursträßchen dem Routenpfeil und nimmt die Abzweigung zur aussichtsreichen **Heuneburg**.

Zurück auf dem Natursträßchen, weist uns die Bezeichnung Richtung Hohmichele auf die Straße, die wir jedoch gleich wieder verlassen. Wir orientieren uns am Waldrand auf einer Wiesenspur an den Markierungen, vorbei an den bis zu 5 m hohen und 54 m im Durchmesser großen keltischen Grabhügeln. Nach einer Forstwegquerung geht's auf einem etwas verwachsenen Waldweg weiter. Dieser mündet in ein leicht talwärts führendes Forststräßchen. Wir bleiben stets der gewohnten Bezeichnung treu und spazieren nach der Wiedhau-Unterstandshütte mit Grillplatz an der Richard-Lohrmann-Eiche vorbei zum **Hohmichele**.

Wahrscheinlich handelt es sich bei diesem riesigen Erdhügel um das ehe-
malige Grabmal des Begründers der Heuneburg-Dynastie. Kurz darauf stoßen wir auf ein Sträßchen, das uns durch die Wiesenmulde des Soppen-
bachs zurück nach **Hundersingen** trägt.

Die ersten Lenzboten malen bunte Tupfer in den lichtdurchfluteten Buchenwald.

Zwiefalter Alb und Großes Lautertal

Bei Wanderern und Radlern gleichsam beliebt: Das Wiesental der Großen Lauter.

Zwischen dem Laucherttal und dem Tal der Großen Lauter lädt die einsame Zwiefalter Alb den erholungssuchenden Wanderer zu vergnüglichen Bummeltouren. Eine Landschaft zum Entspannen. Die Anstiege aus den Trockentälern sind eher als gemütlich zu bezeichnen, schmale Wurzelpfade gelten als Ausnahme. Unweit des vielbesuchten Zwiefalter Münsters schlummert im romantischen Talgrund der Zwiefalter Ach die mit einem Boot befahrbare Wimsener Höhle. Dahinter sagen sich Fuchs und Hase gute Nacht.

Entlang der Lauchert und ihrem westlichen Zufluß, der vom Verkehr verschont gebliebenen Vehla, lassen sich einzelne Höhlen und Ruinen zu abwechslungsreichen Wanderungen verbinden. Ohne großes Ziel an den traumhaften Vehlaschleifen entlangzuschlendern ist zu jeder Jahreszeit ein besonderes Erlebnis.

Als Tal der Burgen schlechthin – manche verstecken sich in den stillen Mischwäldern – gilt das im unteren Teil verkehrsfreie Große Lautertal, das auch mit einem großen Reichtum an Höhlen für Begeisterung sorgt. Der mäandernde Lauf des liebenswerten Lauterflüßchens mit seinen buntblühenden Wiesenauen blieb erfreulicherweise von Plänen der Wasserbau-Ingenieure weitgehend verschont. Spaziergänge an den verspielten Flußschleifen entlang zählen zu den schönsten Erlebnissen des Albwanderns: freundliche Dorfflecken, sonnenüberflutete Wacholderheiden und auf kecken Felszinnen thronende Burgruinen, alles eingebettet in harmonische Waldeshöhen, charakterisieren die Landschaft. Das wohl beindruckendste Seitental des Lautertals, das schluchtartige Wolfstal, ist einen eigenen Besuch wert.

Das Gipfelkreuz des Käpfle.

41 Neufra – Ruinen Lichtenstein – Teufelstal

Zur Doppelburg im Forst Buo Nack

Talort: Neufra, im Vehlatal, östlich von Gammertingen. Information: Stadtverwaltung, 72501 Gammertingen, ℰ (07574) 4060.
Ausgangspunkt: Ortsmitte, 680 m.
Gehzeiten: Neufra – Ruine Vorderlichtenstein 1 Std., Ruine Vorderlichtenstein – Beginn Teufelstal 1 Std., Rückweg 1½ Std., Gesamtgehzeit 3½ Std. (14 km).
Höhenunterschied: 240 m.
Anforderungen: Meist markierte Forstwege, mäßig steile Anstiege.

Die beiden Lichtenstein-Burgen über dem Vehlatal gehören zusammen mit der Burg bei Neidlingen sowie dem »Ur-Lichtenstein« und dem »Alten Lichtenstein« über dem Echaztal zu den insgesamt fünf Lichtenstein-Burgen.

Wir spazieren die Kirchstraße an der Kirche vorbei und folgen dem *gelben Dreieck* auf dem Wirtschaftsweg an der Bahn entlang. Wo der Weg bergwärts abschwenkt, beachten wir die markierte Pfadabzweigung und begeben uns nach dem Wald links auf das Forststräßchen. Am folgenden Wegkreuz weist uns weiterhin das *gelbe Dreieck* den Kurs. Wir halten uns an den nächsten beiden Gabelungen links und steigen über den Waldhang hinauf, bis uns die Beschilderung »Ruine Vorder u. Hinter Lichtenstein« auf eine Pfadspur weist. Diese trägt uns kurz zum Sattel und links zur **Ruine Vorderlichtenstein** (830 m).

Nach einer gemütlichen Rast mit Blick auf Gauselfingen geht's zurück zum Sattel und jenseits hinauf zur benachbarten **Ruine Hinterlichtenstein** (853 m). Man hält sich an der Wanderpfad-Gabelung unterhalb links und folgt der anfangs talwärts führenden Route Richtung Bitz mit einem sanften Gegenanstieg bis zur Hülbe. Von hier trägt uns der zügige Kurs durchs herrliche, lange **Teufelstal** hinaus zur Landstraße. Beim Tanzcafé Tante Rosa nehmen wir den Feldweg parallel zur Straße und müssen das letzte Stück zurück nach **Neufra** leider die wohl etwas großzügig ausgebaute Rennstrecke erdulden.

Durchs Vehlatal leitet unser Wanderkurs hinauf zu den Ruinen Lichtenstein.

42 Gammertingen – Eulenloch – Gauselfingen

Vom Laucherttal ins Vehlatal

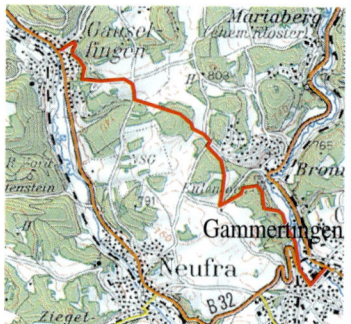

Talort: Gammertingen, Erholungsort im mittleren Laucherttal. Information: Stadtverwaltung, 72501 Gammertingen, ☎ (07574) 4060.

Ausgangspunkt: Kirche, 667 m.

Gehzeiten: Gammertingen – Eulenloch ¾ Std., Eulenloch – Gauselfingen 1 Std., Rückweg 1½ Std.; Gesamtgehzeit 3¼ Std. (14 km).

Höhenunterschied: 220 m.

Anforderungen: Gut markierte Wirtschafts-, Forst- und Wanderwege, kurzzeitig kaum befahrenes Sträßchen, mäßig steile Anstiege.

Einkehr: In Gauselfingen.

Vom Eulenloch genießt man einen schönen Tiefblick auf den Dorfflecken Bronnen im Laucherttal. Die Wände der geräumigen Höhle weisen geringen Sinterschmuck auf.

Auftakt ist die Straße Richtung Tübingen. Nach der Bahnunterführung schwenken wir rechts auf den Wirtschaftsweg durchs Laucherttal und wandern, der Bezeichnung »Gauselfingen« folgend, durch den Mischwald bergan zum Naturdenkmal des **Eulenlochs**. Vom Fahrweg biegen wir bald links in ein Betonsträßchen ein, das wir sogleich wieder rechts auf dem Forstweg hinüber zum Rastplatz bei der alten Buche (Naturdenkmal) verlassen.

Die Wanderroute leitet geradeaus und nach dem steinernen Wegkreuz über eine Waldkuppe (793 m). Die Markierungen weisen uns anschließend auf ein Sträßchen und die Kehre abkürzend, hinunter nach **Gauselfingen** (699 m) ins Vehlatal.

Wer nicht denselben Weg zurück spazieren möchte, der kann von Gauselfingen das Sträßchen Richtung Bitz nehmen und über die Ruinen Lichtenstein und Neufra nach Gammertingen wandern.

Das einladende Albstädtchen Gammertingen im Tal der Lauchert, von der oberen Straßenkehre Richtung Neufra betrachtet.

43 Gammertingen – Vehlatal – Bruckberg, 720 m

Entlang den Vehla-Mäandern

Talort: Gammertingen, Erholungsort im mittleren Lauchertal. Information: Stadtverwaltung, 72501 Gammertingen, ✆ (07574) 4060.

Ausgangspunkt: Kirche, 667 m.

Gehzeiten: Gammertingen – Vehlatal ¾ Std., Vehlatal – Bruckberg 1¼ Std., Rückweg 1½ Std., Gesamtgehzeit 3½ Std. (13 km).

Höhenunterschied: 140 m.

Anforderungen: Meist markierte Wirtschafts- und Forstwege, sanfte Anstiege.

Eine Wanderung durch das anmutige und geschützte Wiesental der Vehla zählt zu den schönsten Talerlebnissen, die uns die Schwäbische Alb bietet. Nur Wirtschaftswege leiten entlang den verträumten Fluß-schlingen, die sich hier noch so bewegen dürfen, wie sie gerne möchten.

Wir nehmen die Straße Richtung Tübingen und biegen in der Rechtskurve nach der Lauchertbrücke links in die Straße Richtung Ölberg, Fehlatal. Der spärlich mit *gelber Raute* markierte Kurs führt vor der Firma Flender rechts über die Bahn und links durch die Straßenunterführung. Nun trägt uns ein Wirtschaftssträßchen über die Kuppe ins **Vehlatal**. Auf dem Wirtschaftsweg am linken Ufer flußabwärts wandernd, bietet sich der kurze Abstecher zum ehemaligen Schloß Baldenstein an. Geschichtsforscher nehmen an, daß diese Adelsburg aus dem 11. Jh. die Stammburg der hochadeligen Grafen von Gammertingen war.

Kurz nachdem unser Weg durchs lange Flußtal zu steigen beginnt (650 m), geht's auf einem Forstweg spitzwinklig links ab und stets bergauf zur Kuppe des **Bruckbergs** (720 m). Die Mündung der Vehla in die Lauchert entzieht sich leider unserem Blick.

Am höchsten Punkt links haltend, schlendern wir, stets dem Forstweg treu bleibend, am Steilabfall zum Lauchertal entlang, bevor uns vom Waldende das Teersträßchen talwärts trägt. Wir kreuzen die Ortsumgehungsstraße und nehmen den bekannten Kurs zurück in die Stadt.

Ein Spaziergang entlang verträumter Flußmäander, wie hier im verkehrsfreien Vehlatal, läßt auf den anstrengenden Alltag vergessen.

44 Geisingen – Rappenstein – Kohltal

Tälerrunde in der Zwiefalter Alb

Talort: Geisingen, westlich von Zwiefalten.
Information: Bürgermeisteramt, 88529 Zwie-
falten, ✆ (07373) 20520.
Ausgangspunkt: Ortsmitte, 729 m.
Gehzeiten: Geisingen – Rappenstein
1½ Std., Rappenstein – Kohltal 1½ Std.,
Rückweg 1½ Std., Gesamtgehzeit 4½ Std.
(17 km).
Höhenunterschied: 280 m.
Anforderungen: Meist markierte Forst- und
Wanderwege, bis auf einen kleinen Steilauf-
stieg nur sanfte Anstiege.

Diese leichte Rundwanderung um
das Dorf Upflamör führt durch vier
einsame Waldtäler.
Von der Dorfmitte spazieren wir zum
östlichen Ortsende, beachten den
Wegweiser »Geisinger Tal« und
nehmen das Wirtschaftssträßchen, bis uns vor dem Rastplatz ein im weiteren
Verlauf mit *roter Raute* markierter Forstweg ins genannte Tal hinunterträgt.
Richtung Zwiefalten haben wir nun einen erholsamen Abschnitt vor uns. Vom
Ende des Tales (580 m) folgen wir kurz rechts der Straße Richtung Upflamör,
bevor uns nach der Rechtskurve die Bezeichnung »Heuneburg« links auf
den mit *rotem Dreiblock* markierten Forstweg leitet.
Man biegt links in das talwärts führende Teersträßchen ein, folgt in der Kehre
rechts dem Forstweg und hält sich an der Gabelung beim markanten **Rappenstein** geradeaus ins Fridinger Tal. Bei der Pfadabzweigung zur Großen
Heuneburg (kurzer Abstecher) schwenken wir ins Waldstetter Tal ab, spazieren ein kurzes Stück auf der Straße Richtung Gammertingen und begeben
uns wieder auf einem Forstweg hinein ins **Kohltal**. An der Weggabel nach
800 m hält man sich geradeaus ins Naturschutzgebiet des Bannwalds.
Wo der *rote Dreiblock* auf einer Wegkuppe auf den Waldpfad Richtung
Zwiefalten weist, achtet man genau auf die Markierungen und müht sich steil
empor zum Muttenbühl. Ein Forstweg trägt uns durch den Buchenjungwald
zum höchsten Punkt (754 m) bei der Einmündung in die Straße. Wir orientieren uns am Wegweiser »Geisingen«, halten uns nach 100 m links und an der
Gabelung nach weiteren 600 m rechts. An der nächsten Weggabel beachtet
man wieder die Markierungen und schwenkt nach 1 km rechts in das Sträßchen ein. Gleich darauf zweigt man wieder rechts auf den Wiesenweg ab,
der kurz danach in den bekannten Weg zurück nach **Geisingen** mündet.

Der Rappenstein in der Zwiefalter Alb.

45 Hayingen – Ruine Alt-Ehrenfels – Bären-höhle – Tiefental

Gemütlicher Trockental-Ausflug

Talort: Hayingen, Kleinstadt und Luftkurort auf der sonnigen Höhe der Zwiefalter Alb. Sehenswert: Naturtheater. Information: Stadtverwaltung, 72534 Hayingen, ✆ (07386) 412.
Ausgangspunkt: Bushaltestelle Holzgasse, 665 m.
Gehzeiten: Hayingen – Ruine Alt-Ehrenfels ³/₄ Std., Ruine Alt-Ehrenfels – Bärenhöhle

¹/₂ Std., Bärenhöhle – Grillstelle Tiefental 1¹/₂ Std., Rückweg 2¹/₂ Std., Gesamtgehzeit 5¹/₄ Std. (20 km).
Höhenunterschied: 190 m.
Anforderungen: Gut markierte Forstwege, nur zuletzt am Rückweg spürbarer Anstieg; der kurze aber sehr steile, weglose Schluß-aufstieg zur Ruine verlangt etwas Geschick-lichkeit.

Bevor wir unseren Schritt ins lange Tiefental hineinlenken, warten das Glastal mit dem seltsamen Burggemäuer Alt-Ehrenfels über dem grün leuchtenden Hasenbach sowie die finsteren Gewölbe der Glas- und der Bärenhöhle mit Ausblicken zum imponierenden Felsspitz des Lämmersteins auf einen Besuch. Der Wegweiser »Schweiftal« dirigiert uns auf ein mit *rotem Dreiblock* markier-tes Wirtschaftssträßchen, von dem bald ein talwärts leitender Forstweg ab-zweigt und im weiteren Verlauf in einen schmäleren Waldweg wechselt. Bei den wilden, von Bäumen, Sträuchern und Moos überwucherten Felsengär-ten im Schweiftal folgen wir weiterhin der gewohnten Markierung. Kurz vor der Einmündung ins Glastal (573 m) lohnt sich der Pfadabstecher steil hinauf zur **Ruine Alt-Ehrenfels**. Eine kleine beherzte Kletterereinlage, und das enge, spaltartige Burggemäuer ist erreicht. Ein Birkengreis klammert sich mit letz-ter Kraft in das mürbe Gestein, draußen grüßt Schloß Ehrenfels. Die Kloster-verwaltung von Zwiefalten ließ 1516 die Burg abreißen. Angeblich diente sie hinterhältigen Räubern als Unterschlupf. Gleich nebenan befindet sich ein kleines, unbenanntes Höhlenloch.
Das *rote Dreieck* weist uns nun Richtung Hayinger Brücke taleinwärts an der Bachquelle vorbei. An der Wegbiegung öffnet sich die Glashöhle mit ihren

drei Kaminen. Jenseits des Tales erhebt der Felszahn des Lämmersteins sein Gipfelkreuz über die Waldwipfel. Gleich anschließend wartet die **Bärenhöhle** auf unseren Besuch. Wer ihre Sinterbildungen betrachten möchte, muß sich durch einen engen Kriechgang zwängen.

Bei der Hayinger Brücke schlendern wir nach der Straßenquerung hinein ins **Tiefental**. Man braucht in der Talsohle nur immer der Wanderweg-Markierung treu bleiben. Im oberen Abschnitt finden sich Schotterhalden und Wacholderflecken an den Waldhängen. Beim Grillplatz (671 m) wechselt das Tiefental in das Oberstetter Tal. Eine mögliche Zugabe für jene, die sich noch nicht ganz ausgelastet fühlen.

Am Oberlauf des abgeschiedenen Hasenbachs.

46 Zwiefalten – Gossenzugen – Wimsener Höhle

Erlebnisreiche Zwiefalter Ach

Talort: Zwiefalten, Erholungsort im Tal der Zwiefalter Ach, nördlich von Riedlingen. Sehenswert: Münster. Information: Bürgermeisteramt, 88529 Zwiefalten, ℄ (07373) 20520.
Ausgangspunkt: Münster, 538 m.
Gehzeiten: Zwiefalten – Wimsener Höhle 1 Std., Rückweg 1 Std., Gesamtgehzeit 2 Std. (8 km).
Höhenunterschied: Unwesentlich.
Anforderungen: Gut markierte Spazierwege und Wirtschaftssträßchen, kein nennenswerter Anstieg.
Einkehr: Bei der Wimsener Höhle.

In der vielbesuchten Wimsener Höhle, der Karstquelle der Zwiefalter Ach, tritt das Versickerungswasser der Zwiefalter Alb wieder zutage. Sie wird seit dem Besuch des Kurfürsten Friedrich von Württemberg im Jahre 1803 auch Friedrichshöhle genannt. Eine 70 m lange Strecke dieser insgesamt 723 m langen Höhle kann mit einem Boot, dem sogenannten Nachen befahren werden.
Die Glocken des Zwiefalter Münsters wurden im Zweiten Weltkrieg zu Kanonen umgegossen. Das frühere Kloster des heutigen Wallfahrtsortes, erbaut von den letzten Achalm-Grafen Liutold und Kuno, dient nun als Landeskrankenhaus. Gleich nebenan versteckt sich hinter einem nicht zu übersehenden Palast von Bierkästen die zugehörige Brauerei.
Wir nehmen die Straße Richtung Reutlingen und biegen in die Sägmühlstraße ein. Das *rote Dreieck* weist uns in die Gerberstraße, deren Verlängerung, ein vorzüglich angelegter Spazierweg, durch das anmutige Wiesental nach **Gossenzugen** (545 m) leitet. Dort queren wir, wie schon kurz vor dem Ort und auch im weiteren Verlauf noch des öfteren, die Ach und folgen der gewohnten Markierung auf dem geteerten Wirtschaftsweg Richtung Wimsen.
Bald verengt sich das Tal, und ein breiter Wanderweg entführt uns in eine einzigartige Wildflußlandschaft mit leuchtend grünem Wasser. Unter dem Felsen des Hohen Steins hindurch spazierend, erreichen wir die **Wimsener Höhle** mit der beliebten Einkehrmöglichkeit. Der markierte Wanderweg führt weiter am Schloß Ehrenfels vorbei ins verschwiegene Glastal mit der Glas- und der Bärenhöhle.

Beim Zwiefalter Münster startet die gemütliche Bummeltour zur berühmten Wimsener Höhle, wo's mit dem Boot weitergeht.

47 Buttenhausen – Wasserstetten – Amseltal – Schachen, 797 m

Wo es noch ausgedehnte Wacholderheiden gibt

Talort: Buttenhausen, Ortsteil von Münsingen, im oberen Großen Lautertal. Sehenswert: Jüdisches Museum. Information: Stadtverwaltung, 72525 Münsingen, ✆ (07381) 1820.

Ausgangspunkt: Ortsmitte, 622 m.

Gehzeiten: Buttenhausen – Wasserstetten 1 Std., Wasserstetten – Schachen 1½ Std., Rückweg ½ Std., Gesamtgehzeit 3 Std. (12 km).

Höhenunterschied: 170 m.

Anforderungen: Teils markierte Wirtschafts- und Forstwege, Abstieg vom Schachen auf Wanderpfad, mäßig steile Anstiege, etwas Orientierungssinn vorteilhaft.

Wo sich die Große Lauter ihren Weg durch die Münsinger Alb bahnt, hat sich entlang der Eichhalde eine beachtliche Heidevegetation bewahrt. Die Wacholderheide-Kuppe des aussichtsreichen Schachen ist eine reizvolle Insel im hochgelegenen Agrarland.

Gleich nach dem Ortsende verlassen wir die Straße nach Gomadingen und nehmen beim Spielplatz kurz den Radwanderweg in die gleiche Richtung. Man folgt an der Gabelung der Bezeichnung »Amseltal-Rundwanderweg« und genießt an der Großen Lauter entlang schöne Ausblicke zur gegenüberliegenden Eichhalde. Am Dorfrand von **Wasserstetten** (650 m) bleibt man dem Rundweg treu und wandert an der folgenden Gabelung rechts durchs bewaldete **Amseltal** bergan. Vom Talschluß geht's über eine Waldkuppe und an der folgenden Gabelung rechts. In der Linkskurve beginnt der Weg zu fallen.

An der nächsten Abzweigung begeben wir uns sogleich wieder rechts auf den *rot markierten* Burgenweg. Dieser führt uns hinaus zum Waldrand und an der folgenden Weggabel rechts über die Getreidefelder und unter der Hochspannungsleitung hindurch. Vor dem Bauernhof nehmen wir links das Wirtschaftssträßchen und beachten nach 800 m rechts den Wegweiser »Schachen«. Er leitet uns kurz empor zum höchsten Punkt der **Aussichtskuppe** (797 m).

Wir steigen wieder hinunter zum Sträßchen und folgen in der Kurve dem mit *gelbem Dreiblock* markierten Weg. Unsere Route wechselt im weiteren Verlauf in einen Wanderpfad, der durch den Mischwald hinunter zurück ins Lautertal leitet.

Kinderspielplätze wie hier bei Buttenhausen finden sich auf vielen Wanderwegen der Schwäbischen Alb.

48 Hundersingen – Bichishausen – Gundelfingen – Käpfle, 630 m

Großes Lautertal – Ruinen, Felsengärten, Höhlen

Talort: Hundersingen, Ortsteil von Münsingen, im Tal der Großen Lauter. Sehenswert: Keltenmuseum, Ruine Hohenhundersingen. Information: Stadtverwaltung, 72525 Münsingen, ℰ (07381) 1820.
Ausgangspunkt: Südlicher Dorfrand, 620 m.
Gehzeiten: Hundersingen – Bichishausen ½ Std., Bichishausen – Gundelfingen ½ Std., Gundelfingen – Käpfle 1 Std., Rückweg 2 Std., Gesamtgehzeit 4 Std. (13 km).
Höhenunterschied: 70 m.
Anforderungen: Gut markierter Lautertal-Radwanderweg, kurzer Wanderpfad aufs Käpfle (einziger Anstieg).
Einkehr: In Gundelfingen.

Bei Wanderern und Radfahrern gleichsam beliebt ist das Große Lautertal mit seinem unwiderstehlichen Charme. Abseits vom Straßenverkehr erlebt man auf einem Ausflug entlang der weitgehend naturbelassenen Flußmäander einen noch typischen Flecken Schwäbische Alb mit freundlichen Dörfern zu Füßen sonniger Wacholderhänge.

Vom Durchbruchberg unterhalb der Ruine Hundersingen begeben wir uns auf den Radwanderweg Lautertal. Nach der Lauterquerung flußabwärts wandernd, gewinnt man schöne Ausblicke auf die Wacholderheide auf der anderen Talseite. In **Bichishausen** (610 m) geht's unter der Burgruine hindurch und, das *rote Dreieck* beachtend, an der Kirche vorbei nach **Gundelfingen** (610 m). Dort weist uns der *gelbe Dreiblock* auf einen Fußpfad. Wir spazieren über den Lautersteg und um den Umlaufberg mit der Ruine Niedergundelfingen herum durch den einladenden Ort und folgen mit Blick zur Ruine Hohengundelfingen weiter dem Radwanderweg.

Nach dem netten Rastplatz am Klingelfelsen mit der engen Spaltenhöhle und der gleich ums Eck liegenden größeren Klingelfelsenhöhle (kleiner Abstecher auf Pfadspuren) nehmen wir ganz kurz die Straße Richtung Hayingen und lassen uns wieder vom Radweg nach Weiler (590 m) tragen. Jenseits öffnet sich das große Portal der Bettelmannshöhle mit ihren schönen Tropfsteinsäulen. Gleich am Ortseingang leitet uns rechts ein Wirtschaftssträßchen bergan, von dem der Kalvarienweg zum **Käpfle** (630 m)

Die Ruine Hohenhundersingen im Tal der Burgen.

abzweigt, auch Kapf oder Kreuzberg genannt. Von der Ruhebank genießt man einen herrlichen Tiefblick auf die Lauterschleife und das anmutige Wiesental.

49 Erbstetten – Hülbenhof, 730 m – Ruine Schülzburg – Maisenburg – Ruine Wartstein

Über Albhöhen ins Tal der Burgen

Talort: Erbstetten, über dem Tal der Großen Lauter, östlich von Hayingen. Information: Stadtverwaltung, 72534 Hayingen, ✆ (07386) 412
Ausgangspunkt: Ortsmitte, 608 m.
Gehzeiten: Erbstetten – Ruine Schülzburg 1¾ Std., Ruine Schülzburg – Maisenburg ½ Std., Maisenburg – Ruine Wartstein 1 Std., Rückweg ½ Std., Gesamtgehzeit 3¾ Std. (13 km).
Höhenunterschied: 310 m.
Anforderungen: Teilweise markierte Forst- und Wirtschaftswege sowie Wanderpfade, Wechsel zwischen leichten Anstiegen und kurzen Steilaufstiegen.
Einkehr: In Anhausen.

Über ein steiles Waldsteiglein und eine witzige, enggewundene Wendeltreppe muß man die Plattform des Wartsteinturms erklimmen. Die sagenhaften Ausblicke auf das üppig bewaldete, kurvige Tal der Großen Lauter sowie hinüber zum Tautschbuch und zum Bussen kennzeichnen den Höhepunkt der einprägsamen Entdeckungsrunde.

Am ehemaligen Backhaus und der Kirche vorbei folgen wir der Straße Richtung Anhausen. Oben am Waldrand leitet das *rote Dreieck* rechts auf einen Forstweg. Kurz darauf weist uns die Markierung auf einen Feldweg, der uns weiterhin am Waldrand entlangträgt. Wir nehmen ein kurzes Stück links die Straße und wandern auf dem nächsten Waldweg links hinauf zur Anhöhe und über die Äcker, zuletzt auf einem Wirtschaftssträßchen zum **Hülbenhof** (730 m). Hülben oder Hülen, wie die wassergefüllte Senke nebenan, waren vor der Albwasserversorgung wichtige Viehtränken.

An der Kreuzung halten wir uns links und queren die Straße Anhausen – Erbstetten. Der uralte Wegweiser »Schülzburg« leitet uns zur Wegspinne an einem Schuppen. Direkt an diesem vorbeispazierend, führt uns ein alter Ziehweg hinunter zur **Ruine Schülzburg**, dem ehemaligen Stammschloß der Freiherren von Speth. Der Fußweg trägt uns bergab nach Anhausen

(580 m). Dort biegen wir links in das Sträßchen ein und wandern an der Großen Lauter entlang. Nach 600 m geht's über die Brücke zum Parkplatz, wo wir den Abstecher auf dem Wanderweg hinauf zur sanierten **Maisenburg** mit herrlichem Tiefblick auf die Lauterschleife einlegen wollen. Als weitere Zugabe vom Parkplatz lohnt sich der Besuch der Gerberhöhle und der Ringwallanlage Althayingen.

Man nimmt anschließend den Kiesweg durchs verkehrsfreie Tal flußabwärts, schlendert nach dem Rastplatz über die Brücke und müht sich auf dem mit *rotem Dreieck* markierten, kurzweiligen Pfad am Gemsfelsen vorbei hinauf zum **Wartsteinturm** mit der Ruine. Von dem traumhaften Vesperplätzchen folgen wir weiter der Markierung Richtung Erbstetten und erreichen auf dem breiten Wanderweg die Unterstandshütte am Aussichtspunkt Heumacherfels (690 m). Bald danach rechts in den Forstweg einschwenkend, treffen wir wieder in **Erbstetten** ein.

Von der Ruine Schülzburg genießt man einen schönen Blick auf Anhausen.

50 Lauterach – Bärenhöhle – Erbstetten – Ruine Monsberg – Laufenmühle

Wolfstal und unteres Großes Lautertal

Talort: Lauterach, im unteren Großen Lautertal, zwischen Hayingen und Munderkingen. Information: Stadtverwaltung, 72534 Hayingen, ✆ (07386) 412.
Ausgangspunkt: Ortsmitte, 516 m.
Gehzeiten: Lauterach – Erbstetten 1¾ Std., Erbstetten – Ruine Monsberg ½ Std., Ruine

Monsberg – Laufenmühle 1¼ Std., Rückweg ½ Std., Gesamtgehzeit 4 Std. (15 km).
Höhenunterschied: 110 m.
Anforderungen: Gut markierte Forst- und Wirtschaftswege sowie Wanderpfade, kurz Sträßchen, sanfte Anstiege.
Einkehr: Laufenmühle.

Die mit Moospolstern überwucherten Schwammriffe im märchenhaften Wolfstal entführen uns in eine etwas moderige und düstere Felsenenge, durch die sich die Schmelzwasser der Eiszeit einst ihren Weg bahnen mußten.

Wir verlassen die Straße Richtung Rechtenstein in der Kehre auf einem Fahrweg, dem Wegweiser »Laufenmühle« folgend. Über Wiesen geht's bergab zur Lauterbrücke und die Straße kreuzend zum Parkplatz am Eingang des Wolfstals. Ein sanft ansteigender Forstweg, anfangs gleichzeitig Waldlehrpfad, führt uns durch die Felsenge des Wolfstals und den artenreichen Mischwald. Mit einem großen Portal öffnet sich die **Bärenhöhle**. Es folgen weitere kleinere Höhlen und Felstürme. Wo sich das Tal öffnet, nehmen wir links die Teerstraße, eine Kehre abkürzend, über die Feldkuppe nach **Erbstetten** (608 m).

Geradewegs durchs Dorf bergan spazierend, beachten wir den Wegweiser »Zum Wartstein«. Er leitet uns auf einen Wirtschaftsweg am bewaldeten Bergfuß entlang. Am Ende des Ackers weist die Bezeichnung »Unterwilzingen« auf einen mit *rotem Balken* markierten, reizvollen Waldpfad. Das bald auch als »Burgenweg Reutlingen – Obermarchtal« ausgewiesene, felsdurchsetzte Steiglein führt uns zu den kläglichen Mauerresten mit dem unterhalb erhaltenen Rundbogen der **Ruine Monsberg**.

Verträumte Pfade schleichen von Erbstetten zur Ruine Monsberg.

Die gewohnte Bezeichnung leitet uns weiter durch alte Waldungen mit prächtigen Orchideen. Von den ebenfalls spärlichen Mauerresten und Gräben der Ruine St. Ruprecht fällt der Pfad steil in die Talsohle ab. Der Radwanderweg Lautertal trägt uns flußabwärts, über den Lautersteg und vorbei an den Häusern von Unterwilzingen. Abermals das Lauterufer wechselnd, begleitet uns eine beeindruckende Felsszenerie zur beliebten Einkehr **Laufenmühle**, bevor wir auf bekanntem Kurs zurück nach **Lauterach** wandern.

Stichwortverzeichnis

Die Ziffern hinter den Begriffen geben die Tourennummern,
nicht die Seitenzahlen an.

»Moderne Zeiten«
für Wanderer, Bergsteiger, Kletterer und alle Outdoor-Fans

BERGVERLAG ROTHER

Touren Disk für Windows
Die aktive Touren-Bibliothek

für
Wanderer
Kletterer
Bergsteiger
und alle Outdoor-Fans

CD-aktiv Version 2.0

Das Basisprogramm

Stöbern Sie im TourenDisk-Programm nach Ihren Traumtouren und zaubern Sie alle Infos auf den Bildschirm oder auf den Drucker.
Die Touren-Bibliothek kann beliebig durch CD-Publikationen oder eigene Dateien (z.B. pesönliches Tourenbuch) erweitert werden.

Systemanforderungen:
PC 486 oder höher, Windows 3.1/95,
VGA 256 Farben, CD-ROM, Soundkarte (optional)

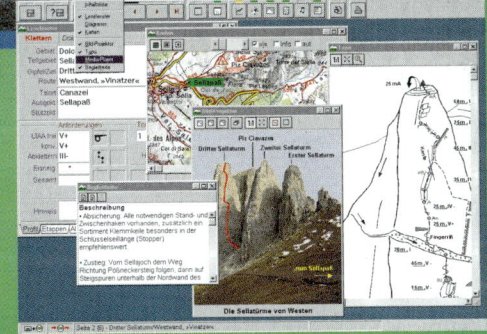

- **detaillierte Beschreibungen**
- **Bilder**
- **Karten**
- **Topos**
- **Diagramme**
- **Media-Player**

Ausführliche Infos:

Bergverlag Rother · München

D-85521 Ottobrunn · Haidgraben 3 · Tel. (089) 608669-10 Fax (089) 60866969
www.rother.de

Notizen